Tom Dudek

Wertorientierte Unternehmensführung in KMU

Eine Eignungsbewertung

Bibliografische Information der Deutschen Nationalbibliothek:

Die Deutsche Nationalbibliothek verzeichnet diese Publikation in der Deutschen Nationalbibliografie; detaillierte bibliografische Daten sind im Internet über http://dnb.d-nb.de abrufbar.

Impressum:

Copyright © Studylab 2019

Ein Imprint der GRIN Publishing GmbH, München

Druck und Bindung: Books on Demand GmbH, Norderstedt, Germany

Coverbild: Open Publishing GmbH | Freepik.com | Flaticon.com | ei8htz

Inhaltsverzeichnis

Abbildungsverzeichnis IV

Tabellenverzeichnis V

Abkürzungsverzeichnis VI

1 Einleitung 1

   1.1 Problemstellung 1

   1.2 Ziel der Arbeit und Vorgehensweise 2

   1.3 Aufbau der Arbeit 5

2 Grundlagen der wertorientierten Unternehmensführung 6

   2.1 Einführung in die wertorientierte Unternehmensführung 6

   2.2 Merkmale der wertorientierten Unternehmensführung 9

3 Eignung bei kleinen und mittleren Unternehmen 19

   3.1 Definition und Besonderheiten von kleinen und mittleren Unternehmen 19

   3.2 Notwendigkeit einer wertorientierten Unternehmensführung 27

   3.3 Eignung der wertorientierten Unternehmensführung 32

   3.4 Bewertung der wertorientierten Unternehmensführung 38

4 Empirische Befunde 44

5 Fazit 48

Literaturverzeichnis 51

Endnoten 60

Abbildungsverzeichnis

Abbildung 1: Aufbau der Arbeit 5

Abbildung 2: Perspektiven des strategischen und operativen Controllings 7

Abbildung 3: Erwartungen und Ansprüche an die wertorientierte Unternehmensführung 8

Abbildung 4: Gestaltungsparameter der wertorientierten Unternehmensführung 10

Abbildung 5: Das Shareholder Value-Netzwerk nach Rappaport 12

Abbildung 6: Unternehmenswertorientiertes Controlling 13

Abbildung 7: Beispielhafte Inhalte der externen Unternehmenskommunikation 15

Abbildung 8: Anwendungsformen der Wertorientierung in der Praxis 18

Abbildung 9: Einflussfaktoren auf die Rahmenbedingungen von KMU 31

Abbildung 10: Möglichkeiten für Wertmanagement in KMU 34

Abbildung 11: Nutzen der wertorientierten Unternehmensführung 46

Abbildung 12: Implementierungsbarrieren der wertorientierten Unternehmensführung 47

Tabellenverzeichnis

Tabelle 1: Vereinfachte Berechnung von Eigenkapital- und Unternehmenswert 10

Tabelle 2: Quantitative Merkmale des Mittelstands nach EU-Standards und dem IfM 20

Tabelle 3: Qualitative Merkmale von kleinen und mittleren Unternehmen 24

Tabelle 4: Vor- und Nachteile von KMU 27

Tabelle 5: Voraussetzungen und Probleme bei KMU 37

Tabelle 6: Anforderungen & Funktionen eines Steuerungskonzeptes für KMU 43

Abkürzungsverzeichnis

Abb.	Abbildung
AG	Aktiengesellschaft
Ausg.	Ausgabe
bspw.	beispielsweise
bzw.	beziehungsweise
ca.	circa
DAX	Deutscher Aktienindex
DCF	Discounted Cashflow
ect.	et cetera (lateinisch), gleichbedeutend mit „und die übrigen"
et al.	et alii (lateinisch), gleichbedeutend mit „und andere"
EU	Europäische Union
EUR/€	Euro
e.V.	eingetragener Verein
EY	Ernst & Young
IfM Bonn	Institut für Mittelstandsforschung Bonn
i.d.R.	in der Regel
IT	Informationstechnik
Kap.	Kapitel
kfr.	kurzfristig
KMU	kleine und mittlere Unternehmen
lfr.	langfristig
M&A	Mergers & Acquisitions
Mil.	Million
Mrd.	Milliarde
S.	Seite
sog.	sogenannt
trad.	traditionell
u.a.	unter anderem
USA	United States of America

v.a.	vor allem
Vgl.	Vergleich
z.B.	zum Beispiel
z.T.	zum Teil

1 Einleitung

1.1 Problemstellung

Die wertorientierte Unternehmensführung ist in der betriebswirtschaftlichen Forschung kein neues Thema. So wurde bereits in den 1980er Jahren in Amerika und ab den 1990er Jahren auch in der deutschsprachigen Literatur einige Werke zu dieser Thematik veröffentlicht. Dabei zielt die Wertorientierung im eigentlichen Sinne auf die Steigerung bzw. Maximierung des Unternehmenswertes ab. Anfänglich noch als Antwort auf die M&A-Welle, die aus der Unterbewertung von Unternehmen auf dem Kapitalmarkt in den 80er-Jahren in den USA resultierte, entwickelte sich die wertorientierte Unternehmensführung zu einem wichtigen Managementthema auch außerhalb der USA.[1]

Die Globalisierung und Liberalisierung sowie die wachsende Bedeutung professioneller und institutioneller Investoren haben die konsequente Wertorientierung in Unternehmen weiter gestärkt. Im Zusammenhang mit Investoren ist v.a. der zunehmende globale Wettbewerb um Kapital, Veränderungen der Eigentümerstrukturen von Unternehmen, verstärkte Performance-Orientierung auch bei privaten Investoren und die erhöhte Dynamisierung des Marktes für die Unternehmenskontrolle als Impulsgeber aufzuführen. Auch die unzureichende Qualität traditioneller Steuerungs- und Kontrollzahlen und der Trend zur Dezentralisierung der Führungsstruktur ließen bzw. lassen die wertorientierte Unternehmensführung an Bedeutung gewinnen.[2]

Trotz dieser vielen Aspekte und Entwicklungen wird die wertorientierte Unternehmensführung nach wie vor als Steuerungsinstrument gemeinhin nur mit bereits börsennotierten Kapitalgesellschaften assoziiert. Bezüglich kleinen und mittleren Unternehmen (KMU) wurde das Konzept hingegen vergleichsweise wenig diskutiert, was auf den ersten Blick erstaunlich erscheint.[3] 99,9% aller Unternehmen in Deutschland zählen zu den KMU. Sie stellen zudem ca. 60% aller Beschäftigungsverhältnisse dar und erbringen insgesamt 55% der gesamten

Nettowertschöpfung in Deutschland. Dies verdeutlicht, dass KMU ein wichtiger Bestandteil der deutschen Wirtschaft sind und ein erhöhtes betriebswirtschaftliches Forschungsinteresse normalerweise vorhanden sein sollte.[4]

Gründe für diese eingeschränkte Betrachtung in der Literatur sind u.a. die häufig fehlende Trennung zwischen Kapitalgeber und Unternehmer und ein daraus resultierender geringerer Leistungsdruck, das regionale und personelle Beziehungsgeflecht sowie die beschränkte Ressourcenausstattung. Die aufgezeigten Trends und Entwicklungen führen jedoch auch zu einer steigenden Dynamik der Umwelt- und Rahmenbedingungen für KMU und erhöhen somit die Relevanz der wertorientierten Unternehmensführung für diese Unternehmensgruppe. Folglich muss bzw. wird sich das bisher eingeschränkte Interesse an diesem Führungskonzept zwangsläufig verändern. Insbesondere der gestiegene Stellenwert von Investoren, welcher durch den erhöhten Kapitalbedarf bei Börsengängen, Expansionen oder im Rahmen der Nachfolgeproblematik entsteht, werden die Relevanz der wertorientierten Unternehmensführung in KMU systematisch erhöhen.[5]

Dabei ist zu beachten, dass KMU keine Miniaturausgaben von Großunternehmen sind und durch besondere Merkmale charakterisiert werden. Sie weisen zudem spezifische Erfolgsfaktoren auf. Eine einfache Übertragung des Konzeptes der wertorientierten Unternehmensführung erweist sich daher vermutlich als nicht möglich und es müssen zielgruppenadäquate Anpassungen vorgenommen werden.[6]

1.2 Ziel der Arbeit und Vorgehensweise

Ziel der vorliegenden Arbeit ist eine Analyse, ob die wertorientierte Unternehmensführung ein geeignetes Steuerungskonzept für KMU ist.

Nachfolgend wird eine strukturierte Übersicht über den bisher bestehenden Literaturbestand zu diesem Themenbereich gegeben. Die überwiegende Mehrheit befasst sich v.a. mit der wertorientierten Unternehmens-führung in großen börsennotierten Unternehmen. Die ersten Überlegungen stellte Alfred Rappaport, ein US-amerikanischer Wirtschaftswissenschaftler, im Jahre 1986 an. Er übertrug die Kapitalmarkt- und Finanzierungstheorie auf die Unternehmensführung und begründete die Anfänge der wertorientierten Unternehmensführung. In der wissenschaftlichen Diskussion herrschte schnell Einigkeit über die Vorzüge und Notwendigkeit, wobei jedoch die Umsetzung und die Bestimmung der Bewertungsmethodik und Wertekennzahl zu verschiedenen Ansätzen führten. Neben dem von Rappaport entwickelten Ansatz des Discounted Cashflow, wurden weitere Bewertungsmethoden entwickelt. Zu benennen sind hier die Ergebnisse von Stewart (1990) mit dem Economic Value Added, Copeland et al. (1993) bzw. Lewis (1995) mit dem Cash Value Added respektive des Cashflow Return on Investment. Im deutschsprachigen Raum wurde die wertorientierte Unternehmensführung durch die Autoren Bühner (1990, 1994) und Günther (1997, 2000) vorangetrieben. Weitere Werke mit einem Fokus auf die Anwendungs- und Nutzungsmöglichkeit in der Praxis entstanden durch Coenenberg/Salfeld (2003) sowie Britzelmaier (2013). Riedl (2000) und Plascke (2003) verfassten zudem praxisorientierte Werke unter dem Titel „Unternehmungswertorientiertes Performance Measurement" bzw. „Wertorientierte Management – Incentivesysteme auf Basis interner Wertekennzahlen", die einzelne Bereiche der Wertorientierung genauer beschreiben und analysieren.

Die genannten Werke beziehen sich jedoch in der Mehrzahl explizit auf ausschließlich große börsennotierte Unternehmen. Wortmann (2001) unternahm als Erster umfassende Untersuchungen für KMU, wobei er prüfte, ob die wertorientierte Unternehmensführung für mittelständische Unternehmen ein geeignetes Führungs- und Steuerungsinstrument darstellt. In seiner Untersuchung betrachtet er jedoch nur mittelständische Wachstumsunternehmen und verzichtet auf die Diskussion von Ausgestaltungsmöglichkeiten. Auch der „Arbeitskreis Wertorientierte Führung in mittelständischen Unternehmen" der Schmalenbach-Gesellschaft für Betriebswirtschaft e.V. beschäftigte sich mit der Thematik im Mittelstand, jedoch ohne die Besonderheiten bei KMU zu erarbeiten.

Nur wenige weitere Autoren, u.a. Khadjavi (2005), Tappe (2009) und Krol (2009), befassen sich mit der Wertorientierung im Mittelstand. Khadjavi befasste sich vor allem mit der Thematik der geeigneten Spitzenkennzahl und konzeptionell mit den entstehenden Kosten bei der Einführung und Verwendung. Tappe wollte mit seiner Arbeit die Erfolgsfaktoren bei der Implementierung analysieren, aber hat hingegen vielmehr einen Vergleich zwischen den aktuellen Merkmalen des Mittelstands und des Konzeptes durchgeführt. Krol untersuchte als Erster in seiner wissenschaftlichen Auseinandersetzung die Schwierigkeiten bei der Einführung des Wertemanagements im Mittelstand in der Praxis. Dieses Problem hatte schon Khadjavi formuliert, aber nicht weiter untersucht.[7]

Es ist festzustellen, dass in der Literatur die Thematik der wertorientierten Unternehmensführung in der letzten Zeit weniger Beachtung geschenkt wird. So schreiben auch Weber et al. (2017) in ihrer zweiten Auflage, dass sich seit der Erstauflage in 2004 kaum Weiterentwicklungen an dem Grundkonzept ergeben haben. Anderseits wird möglicherweise auch die bisher geringe Anwendung des Konzeptes in KMU zu diesem Trend beitragen.[8]

Aufbauend auf die beschriebene wissenschaftliche Literatur umfasst der erste Schritt der Arbeit eine Einführung in die theoretischen Grundlagen der wertorientierten Unternehmensführung unter der Berücksichtigung der Relevanz für die Fragestellung der vorliegenden Arbeit. Es soll aufgezeigt werden, welche Zielsetzung verfolgt wird und wie die wertorientierte Unternehmensführung als Führungskonzept ausgestaltet ist. Anschließend werden die organisatorischen Merkmale bzw. notwendigen Anpassungen der Teilbereiche des Unternehmens aufgezeigt. Die Wertbestimmung wird in diesem Kontext explizit vernachlässigt, da dies selbst eine umfassende Thematik darstellt und Khadjavi (2005) diesbezüglich schon eine umfassende Analyse für KMU erbracht hat.

Anschließend werden die Besonderheiten von KMU anhand quantitativer und qualitativer Merkmale dargestellt. Es folgt eine Übersicht der geänderten Umwelt- und Rahmen-bedingungen, welche die Notwendigkeit einer Veränderung der Unternehmensführung von KMU verstärken. Ein Vergleich der Merkmale der Wertorientierung und der von KMU leitet die Bewertung der Eignung ein. In diesem Kontext werden die grundlegenden Funktionen und Anforderungen an ein Steuerungskonzept bei KMU aufgezeigt und mit den Eigenschaften des Führungskonzeptes verglichen.

Abschließend wird auf die wenigen bisher vorhandenen empirischen Befunde eingegangen und ein Fazit gezogen.

Die zentrale These dieser Arbeit ist, dass die wertorientierte Unternehmensführung ein geeignetes Führungskonzept für KMU ist.

1.3 Aufbau der Arbeit

Folgende Thematiken sollen vor dem Hintergrund der wertorientierten Unternehmensführung bei KMU analysiert werden:

- Definition und Identifikation der Besonderheiten von KMU
- Notwendigkeit einer Veränderung der Unternehmensführung
- Bewertung der Eignung der wertorientierten Unternehmensführung
- Möglicher Nutzen der Verwendung der wertorientierten Unternehmensführung

Die Arbeit ist hierzu in die folgende Struktur unterteilt:

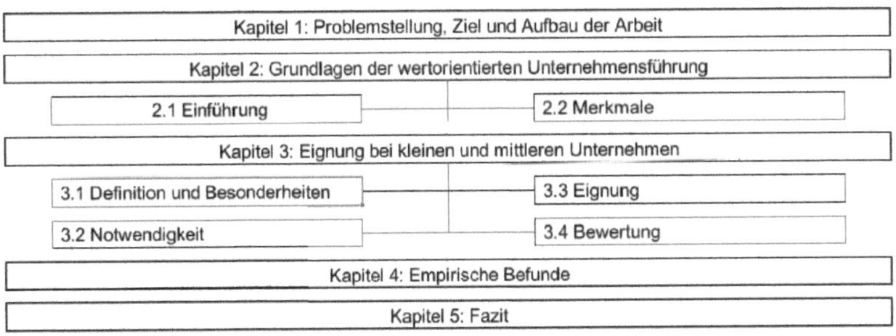

Kapitel 1: Problemstellung, Ziel und Aufbau der Arbeit	
Kapitel 2: Grundlagen der wertorientierten Unternehmensführung	
2.1 Einführung	2.2 Merkmale
Kapitel 3: Eignung bei kleinen und mittleren Unternehmen	
3.1 Definition und Besonderheiten	3.3 Eignung
3.2 Notwendigkeit	3.4 Bewertung
Kapitel 4: Empirische Befunde	
Kapitel 5: Fazit	

Abbildung 1: Aufbau der Arbeit[9]

2 Grundlagen der wertorientierten Unternehmensführung

Das folgende Kapitel stellt die theoretischen Grundlagen der wertorientierten Unternehmensführung unter der Berücksichtigung der Relevanz für die Fragestellung der vorliegenden Arbeit dar. Zuerst wird eine Einführung in die wertorientierte Unternehmensführung gegeben (Kap. 2.1). Anschließend werden die Zielgröße und die organisatorischen Merkmale bei der Verwendung beschrieben (Kap. 2.2).

2.1 Einführung in die wertorientierte Unternehmensführung

Wertorientierte Unternehmensführung wird als ganzheitliches Führungskonzept verstanden[10] und fordert die nachhaltige und permanente Steigerung des Unternehmenswertes.[11] Das Konzept beinhaltet, dass sämtliche betriebliche Prozesse, Aufgaben und Systeme sowie die Denk- und Verhaltensweise der Mitarbeiter auf eine nachhaltige und langfristige Werteschaffung und -steigerung des Unternehmens ausgerichtet werden.[12] Das betrifft insbesondere die Strategie, Personalführung, Informationsversorgungssysteme und Unternehmenskultur, welche allesamt wertorientiert ausgestaltet und koordiniert werden müssen.[13] Die Wertorientierung durchdringt somit sämtliche Facetten eines Unternehmens,[14] was verdeutlicht, dass es sich hierbei auch um ein strategisches Controlling-Instrument handelt. Dieser Ansatz stellt zudem die grundsätzliche Abkehr von handels- und steuerrechtlich orientierten Rechensystemen da und fordert die konsequente Ausrichtung am Eigentümerwert.[15]

Die Abkehr von den klassischen Steuerungsgrößen, wie z.B. der Eigenkapitalrendite oder dem Gewinn, lässt sich auf deren Mängel zurückführen. So können diese durch bilanzpolitische Maßnahmen verfälscht werden oder vernachlässigen durch die einperiodige Betrachtung die zukünftige wirtschaftliche Entwicklung. Auch kann die sog. Prinzipal-Agent-Problematik, bei der eine Informationsasymmetrie zwischen dem Auftraggeber (Prinzipal) und dem Auftragnehmer (Agent) herrscht, zu Problemen führen. Weitere bedeutende Mängel der klassischen

Steuerungssysteme sind die mangelnde Kapitalmarktorientierung und die isolierte Betrachtung von Risiko und Rendite.[16] Um das Ziel der langfristigen Wertsteigerung zu erreichen, ist es notwendig, dass knappe Ressourcen im Unternehmen effizient genutzt werden.[17] Allgemein können Ressourcen bzw. deren Nutzung als Grundlage und Quelle der Wertsteigerung im Unternehmen aufgefasst werden.[18] Das Konzept verbindet hierzu v.a. die Markt- und Ressourcenperspektive zu einer Wirkungsbeziehung und richtet diese konsequent an der finanziellen Perspektive aus. Alle weiteren Perspektiven werden ebenfalls an der finanziellen Perspektive ausgerichtet.[19] Das Konzept kann somit Antworten auf die Fragen der effizienten Allokation knapper Ressourcen geben.[20]

Die folgende Darstellung verdeutlicht die Unternehmensperspektiven und ihre konsequente Ausrichtung an der finanziellen Perspektive mit der Zielsetzung der Wertsteigerung.

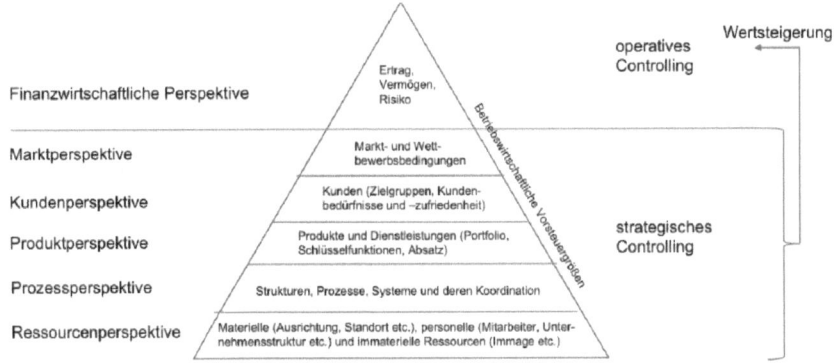

Abbildung 2: Perspektiven des strategischen und operativen Controllings[21]

Kritiker werfen jedoch vor, dass die konsequente Ausrichtung auf die finanzielle Perspektive zu einer Vernachlässigung relevanter Anspruchsgruppen (sog. Stakeholder) führt, welche einen Beitrag zum Unternehmens-
erfolg beitragen. Stakeholder sind alle internen und externen Personengruppen, die von den unternehmerischen Tätigkeiten gegenwärtig oder in Zukunft direkt oder indirekt betroffen sind. Zu ihnen gehören bspw.

das Management, Mitarbeiter, Kunden, Lieferanten oder auch der Staat.[22] Dem entgegen steht, dass ein Unternehmen seinen Wert nur nachhaltig steigern kann, wenn es erfolgreich am Markt agiert. Dies ist nur möglich, wenn bspw. das Management und die Mitarbeiter erfolgreich motiviert werden, die existierenden Kundenbedürfnisse befriedigt werden und Kooperationen mit Lieferanten aufgebaut und gepflegt werden.[23] Somit kann mittel- bis langfristig von einer Interessenharmonisierung ausgegangen werden, welche sowohl die Shareholder als auch die Stakeholder Perspektive berücksichtigt.[24] Dies legen auch Copeland/Koller/Morrin (1994, 2000) in verschiedenen empirischen Untersuchungen dar, wobei sie nachwiesen, dass die Schaffungen von Unternehmenswert mit der Befriedigung der Interessen der Stakeholder korreliert. Die Bedürfnisse und Forderungen von Shareholder und Stakeholder können somit gleichermaßen erfüllt sein. Die individuellen Ziele, die bei der Verwendung der wertorientierten Unternehmensführung im Idealfall realisiert werden können, hat der Internationale Controller Verein e.V. zusammengefasst:

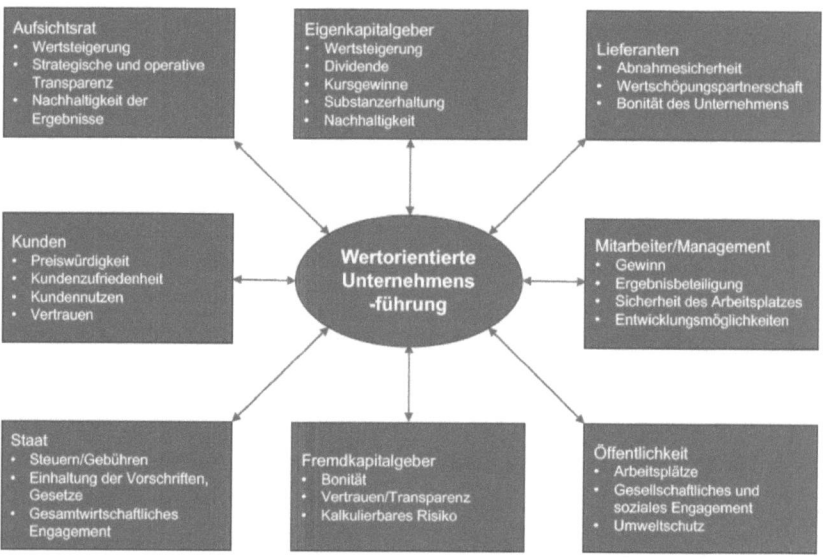

Abbildung 3: Erwartungen und Ansprüche an die wertorientierte Unternehmensführung[25]

Die Abbildung 3 verdeutlicht, dass die wertorientierte Unternehmensführung für viele Anspruchsgruppen positive Effekte mit sich bringen kann. Zwar kann bei der Berücksichtigung einer Vielzahl von Ansprüchen der Stakeholder ein Interessenkonflikt entstehen. In diesem Konfliktfall sollte immer die Entscheidung getroffen werden, die den Wert des Unternehmens steigert.[26] Auch hierin besteht der Vorteil der wertorientierten Unternehmensführung, da nur ein Ziel als oberstes Unternehmensziel formuliert wird. In einem Großteil der Unternehmen existiert ein Zielpluralismus, was zum Teil zu wiederprechenden Zielen führen kann und mit einer schlechteren Unternehmensentwicklung korreliert.[27] Letztendlich stehen daher immer die Interessen der Eigenkapitalgeber im Mittelpunkt. Diese erhoffen sich nicht nur eine Schaffung und Stärkung der strategischen Wettbewerbsfähigkeit, sondern vielmehr adäquate unter der Berücksichtigung der Risiko-Ertrags-Relation zu erwartende Rückflüsse für ihre Investition in das Unternehmen.[28]

2.2 Merkmale der wertorientierten Unternehmensführung

Nach dieser kurzen Einführung in die wertorientierte Unternehmensführung soll sich im folgenden Abschnitt eingehender mit dem Zielsystem sowie den organisatorischen Anforderungen der Wertorientierung befasst werden. Betrachtet werden hierzu insbesondere das Controlling und Reporting, die Anreizausgestaltung für Mitarbeiter und die unterschiedlichen Intensitäten der Nutzung.

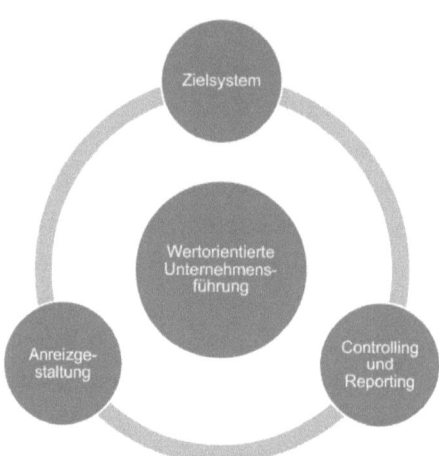

Abbildung 4: Gestaltungsparameter der wertorientierten Unternehmensführung[29]

Wie bereits beschrieben, fordert die wertorientierte Unternehmensführung die strikte Orientierung sämtlicher unternehmerischer Entscheidungen am Unternehmenswert. Eine unabdingbare Voraussetzung für die Integration des Konzeptes ist folglich die Ermittlung des Unternehmenswertes.[30] Dieser kann als **Zielgröße** des unternehmerischen Handelns unterschiedlich interpretiert und betrachtet werden. So kann sich der Wert auf den Eigenkapitalwert (Shareholder Value) oder den Unternehmenswert (Total Business Value) beziehen.[31]

Tabelle 1: Vereinfachte Berechnung von Eigenkapital- und Unternehmenswert[32]

Eigenkapitalwert (Shareholder Value)	Unternehmenswert (Bsp. DCF-Methode)
= Unternehmenswert ./. Marktwert des Fremdkapitals	= Summe der diskontierten freien Cashflows + Wert des Unternehmens über den Planungszeitraum hinaus + nicht-betriebsnotwendiges Vermögen bezogen auf den Planungszeitpunkt

In der Wissenschaft und Praxis existieren dabei diverse Bewertungsmethoden zur Bestimmung des Unternehmenswertes, wobei die wohl bekanntesten der Discounted Cashflow (DCF), der Economic Value

Added (EVA) und der Cashflow Return on Investment (CFRoI), der in den Cash Value Added (CVA) weiterentwickelt werden kann, sind.[33] Welches wertorientierte Konzept im Unternehmen eingesetzt werden soll, muss genau geprüft werden und ist entsprechend der Unternehmenscharakteristika individuell zu entscheiden.[34]

Die gewählte Spitzenkennzahl wird anschließend in sogenannte Wertetreiber bzw. -generatoren heruntergebrochen.[35] Die Wertetreiber fungieren als „Stellhebel" zur Verbesserung des Wertbeitrages und stellen die Basis für den Erfolg des wertorientierten Managements dar. Sie lassen sich dabei zum einen in strategische und operative, sowie in monetäre und nicht monetäre Werttreiber einteilen.[36] Mithilfe dieser unterschiedlichen Werttreiber, welche direkt oder indirekt auf den Unternehmenswert wirken, lässt sich ein umfassendes Werttreibersystem entwickeln.[37] Anhand dieses aufgestellten Werttreiber-systems kann so während der strategischen Planung das Unternehmen, Geschäftseinheiten und Strategien bewertet werden. Zudem können gezielt Maßnahmen auf ihre Wirkung untersucht und Anregungen für die strategische Planung gefunden werden. Auch die Wirkung der Wertegeneratoren untereinander kann untersucht werden.[38] Dabei kann das Unternehmen grundsätzlich als Konglomerat oder Portfolio von Investitionsprojekten verstanden werden, welche unter einer kapitalmarktorientierten Verzinsung bewertet werden.[39] Die Unternehmensführung muss aufgrund der begrenzten Kapitalressourcen sich somit für die Investitionsalternativen entscheiden, die den Unternehmenswert am meisten steigern.[40] Beispielhaft folgt die Darstellung des Shareholder Value-Netzwerks von Rappaport zur Verdeutlichung des Wirkens eines Wertreibersystems.

Grundlagen der wertorientierten Unternehmensführung

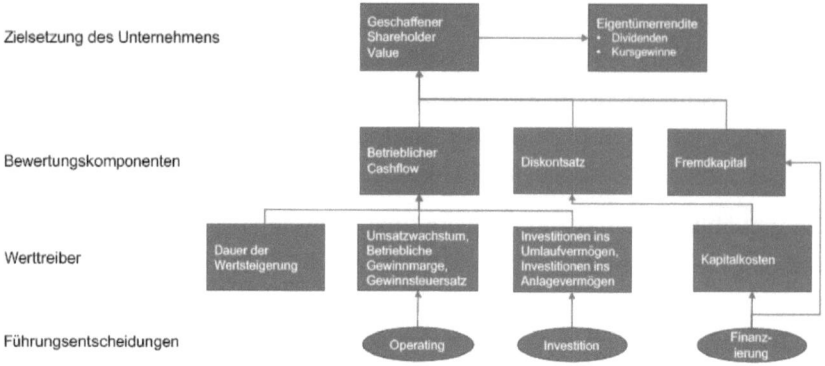

Abbildung 5: Das Shareholder Value-Netzwerk nach Rappaport[41]

Entsprechend der verwendeten Bewertungsmethode bzw. Spitzenkennzahl können dabei unterschiedliche Werttreiber identifiziert werden.[42] In der Praxis haben sich insgesamt 18-20 Wertetreiber als eben noch überschaubar gezeigt. Hierzu ist es von entscheidender Bedeutung die wichtigsten Wertetreiber zu priorisieren, um die vorhandenen Ressourcen gezielt einzusetzen und so möglichst den effektivsten Wertebeitrag zu erzielen.[43] Dies ist u.a. eine Aufgabe des Controllings.

Das Controlling stellt eine Teilfunktion der Unternehmensführung dar und übernimmt die Funktion der Planung, Kontrolle, Steuerung und Koordination der einzelnen Teilbereiche. Um diese Teilfunktion zu erfüllen, nutzt das Controlling verschiedene Instrumente wozu auch die wertorientierte Unternehmensführung gehört.[44] Wie eingangs erwähnt, stellt die Wertorientierung eine grundsätzliche Abkehr von den handels- und steuerrechtlich orientierten Rechensystemen dar,[45] jedoch ist sie kein Substitut für die bisher bestehende Unternehmenssteuerung. Vielmehr wird das bestehende Controllingsystem um folgende Merkmale erweitert:[46]

- Ergänzung des Zielsystems um die Zielsetzung „Steigerung des Eigentümerwertes",
- Ergänzung des strategischen Controllings um unternehmenswertbezogene Analysen,

- Ergänzung des operativen Controllings um unternehmenswertbezogene Performance-Maße,
- Pflege der Investor Relation zu Eigen- und Fremdkapitalgeber und
- Modifikation des Anreizsystems.

Die folgende Darstellung verdeutlicht die Veränderungen bzw. Erweiterungen im Controlling:

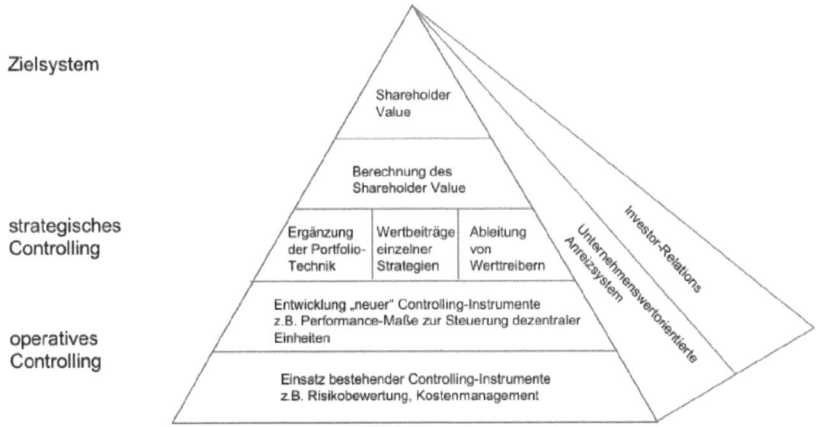

Abbildung 6: Unternehmenswertorientiertes Controlling[47]

Der operativen Planung, Realisation und Kontrolle stellt die Grundlage zur Wertsteigerung dar, jedoch gibt das strategische Controlling den Rahmen für die operativen Handlungen bzw. Umsetzung vor und hat somit eine Brückenfunktion inne.[48]

Ein Teilbereich des Controllings, der für die wertorientierte Unternehmensführung von entscheidender Bedeutung ist, stellt das Reporting bzw. Berichtswesen da. So formuliert Stiewing, Leiterin Corporate Controlling bei der Continental AG: „Ein effizientes Reporting ist die Basis, um schnell und in höchster Qualität die externen Reportinganforderungen zu erfüllen und das Management mit entscheidungsrelevanten Informationen zu versorgen."[49] Nur mit einem effizienten Berichtswesen kann erkannt werden, ob die Ziele erreicht wurden. Zudem liefert dies wertvolle Informationen über mögliche Abweichungen und

Entwicklungen. Diese Informationen können vielfältig zu Anregungen führen.[50] Damit Informationen schnell und in höchster Qualität geliefert werden können, muss das Berichtswesen einerseits die Informationsbedürfnisse des Adressaten und andererseits dem Wirtschaftlichkeitsprinzip entsprechen.[51] Dabei erweist sich die Anpassung der Informations- und Berichtssysteme an die inhaltlich erweiterten oder umorientierten Informationsbedarfe als Voraussetzung für die Umsetzung einer wertorientierten Unternehmensführung.[52] Das verwendete System sollte dabei leicht an einen spezifischen Unternehmenskontext angepasst werden können und daher möglichst allgemeingültig sein.[53] Zur Berichterstattung werden die benötigten Daten mittels Analysen des Unternehmens bzw. von Geschäftseinheiten gewonnen. Riedl (2000) unterscheidet hierzu zwischen periodenübergreifenden und -bezogenen Analysesystemen. Die periodenübergreifenden Analysen werden v.a. zur langfristigen Steuerung verwendet. Die Wertentwicklung der vergangenen oder nächsten Periode wird hingegen v.a. durch periodenbezogene Analysen überwacht. Das ermöglicht die periodenbezogene Zielvorgabe für Mitarbeiter und zeigt einen Zwischenstand zur Errechnung der periodenübergreifenden Ziele.[54]

Das Berichtswesen ist nicht nur hilfreich zur internen Steuerung, sondern dient auch für die externe Berichterstattung. Diese soll zur Verringerung der Informationsasymmetrien zwischen Unternehmen und Kapitalgebern beitragen und die wertorientierte Ausrichtung der Unternehmensführung kommunizieren. Allgemein wird diese Kommunikation unter der Bezeichnung „Value Reporting" subsumiert. Die Besonderheit am Value Reporting ist, dass monetäre und nicht-monetäre sowie vergangenheits- und zukunftsbezogene Informationen veröffentlicht werden, die von den Rechnungslegungsnormen nicht gefordert werden. Es handelt sich somit um freiwillige Komponenten der Berichterstattung. Dabei werden wertorientierte Informationen u.a. durch die Veröffentlichung von erreichten Wertsteigerungen als auch von zukünftigen Entwicklungen der Wertsteigerungspotenziale publiziert.[55] Dies hilft Investoren und Analysten sich umfassend zu informieren und das

Risiko sowie die Rendite der Unternehmung einzuschätzen.[56] Hierdurch soll ein besserer Zugang zur knappen Ressource Kapital ermöglicht werden.[57]

Abbildung 7: Beispielhafte Inhalte der externen Unternehmenskommunikation[58]

Nicht nur das Controlling ist von Veränderungen betroffen. Es ergeben sich zudem weitere Rückkopplungen auf andere Elemente des Führungssystems.[59] So dient das Reporting im Rahmen der Unternehmenssteuerung auch bei der Zielvorgabe und -kontrolle der Mitarbeiter.[60] Im Zusammenhang mit einer Belohnung für das Erreichen der Zielvorgabe wird dies in der Unternehmenspraxis als Anreiz- bzw. Incentivesystem bezeichnet. Mit diesem System wird eine Verhaltenssteuerung von Management und Mitarbeitern erzielt, sodass sie verstärkt im Interesse der Eigentümer handeln. Eine Verhaltenssteuerung ist notwendig, da die Interessengruppen teilweise unterschiedliche Ziele verfolgen. Bekannt ist diese Problematik unter der Prinzipal-Agenten-Theorie,[61] welche eingangs schon kurz erwähnt wurde. Ein Anreizsystem sollte dabei an die langfristige und nachhaltige Werteschaffung anknüpften und jeden Mitarbeiter, der Entscheidungen trifft, miteinschließen. Coenenberg et al. (2015) sieht dies als eine unabdingbare Voraussetzung, um Manager zu einer nachhaltigen und positiven Entwicklung des Unternehmenswertes zu bewegen.[62] Unter anderem soll somit die Lenkung der Leistungsmotivation gefördert werden, die vor allem darauf abzielen, dass Manager Wertschöpfungspotenziale erkennen und ergreifen. Wichtig ist auch die langfristige Perspektive der Anreizausgestaltung. Diese soll gute Manager im Unternehmen halten und weniger gute dazu bewegen, dass Unternehmen zu verlassen. Diese Form der Personalselektion kann ebenso auf dem Arbeitsmarkt die Attraktivität eines Unternehmens beeinflussen. Auch zu beachten ist, dass die Zusammenarbeit und Koordination zwischen verschiedenen Unternehmensfunktionen als auch Geschäftseinheiten gefördert werden. In Folge dessen muss mit der Einführung der Wertorientierung das Anreizsystem auf wertorientierte Zielkennzahlen umgestellt werden.[63] Diese können sich aus externen und/oder internen Kennzahlen zusammensetzen. Externe Kennzahlen ergeben sich aus der Sicht des Marktes und so bspw. aus dem Aktienkurs. Diese lassen sich v.a. für börsennotierte Unternehmen anwenden.[64] Die internen Kennzahlen sollten in jedem Fall einen Wertschaffungsbezug aufweisen, denn nur so werden Mitarbeiter auch effektiv den Unternehmenswert steigern.[65] Die Kennzahlen, die für die Leistungsbewertung herangezogen werden, müssen für die Mitarbeiter verständlich und beeinflussbar sein. Dem Verständnis bzw. der Transparenz des Systems kommt aufgrund seiner Komplexität eine besondere Relevanz zu. Dazu muss das System von den Mitarbeitern begriffen und in Folge dessen ihr Verhalten entsprechend beeinflusst werden.[66] Zudem soll es wirtschaftlich, flexibel, leistungsorientiert, nicht manipulierbar und gerecht ausgestaltet sein. Da die oberste Kennzahl auf die unteren Bereiche der Organisation heruntergebrochen werden, müssen die Mitarbeiter zudem verstehen, wie sie die eigenen Zielgrößen beeinflussen können. Auch sollte sich im Kontext der Wertorientierung die Vergütung der Mitarbeiter nur erhöhen, wenn sich das Vermögen der Eigentümer und somit der Wert des Eigenkapitals steigert.[67]

Nachdem nun eine kurze Einführung das grundsätzliche Konzept der wertorientierten Unternehmensführung und die organisatorischen Anforderungen aufgezeigt wurde, wird nun auf die unterschiedliche

Intensität der Nutzung durch die Unternehmen eingegangen. Weber et al. (2017) konnten in der Praxis drei unterschiedliche Intensitäten bei der Umsetzung erkennen.

- Analysten-Lösung
- Engagierter Beginn
- Professioneller Standard

Die Analysten Lösung beschränkt sich lediglich auf die Kommunikation am Kapitalmarkt. Eine interne Steuerung anhand wertorientierter Kennzahlen im Unternehmen wird nicht vorgenommen. Das Unternehmen zeigt sich somit nach außen offen gegenüber dem Konzept und erfüllt die Erwartungen der Kapitalmarktteilnehmer.

Der Engagierte Beginn geht über die Kapitalmarktkommunikation hinaus und verwendet die wertorientierte Unternehmensführung als internes Steuerungsinstrument. Wertorientierte Kennzahlen sind sowohl in die Planung, Steuerung als auch in die Zielvereinbarung und Anreizsysteme integriert. Der Einsatz beschränkt sich jedoch auf die oberste Hierarchieebene und traditionelle Steuerungsgrößen werden neben den Wertorientierten weiterhin verwendet.

Der Professionelle Standard beschreibt die ganzheitliche Verwendung in allen Hierarchieebenen und ist vollumfänglich in das Ziel- und Anreizsystem integriert. Das Konzept ist fester Bestandteil des Berichtswesens und legt den Fokus auf wertschaffende Faktoren.[68]

Grundlagen der wertorientierten Unternehmensführung

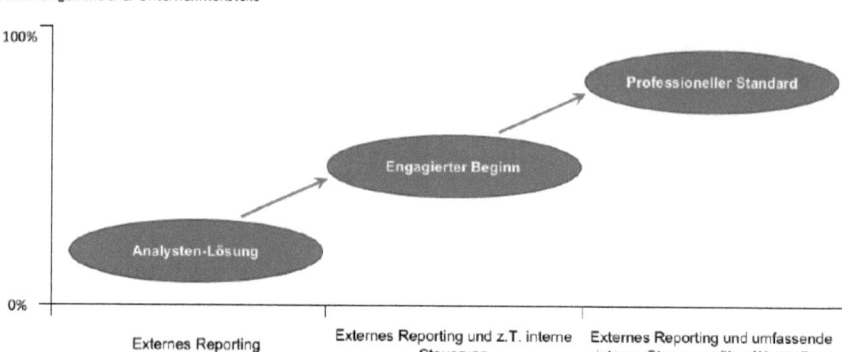

Abbildung 8: Anwendungsformen der Wertorientierung in der Praxis[69]

3 Eignung bei kleinen und mittleren Unternehmen

In diesem Abschnitt der Arbeit wird zuerst eine Definition von KMU anhand quantitativer und qualitativer Merkmale (Kap. 3.1) und somit eine Eingrenzung auf diese Unternehmensgruppe vorgenommen. Kapitel 3.2 geht anschließend auf die geänderten Rahmenbedingungen der Unternehmensumwelt und somit auf die Notwendigkeit einer Veränderung der Unternehmensführung von KMU ein. Ab Kap. 3.3 wird nun detailliert auf die Eignung der wertorientierten Unternehmensführung eingegangen. Ein Vergleich der organisatorischen Anforderungen der wertorientierten Unternehmensführung und der von KMU wird hierzu durchgeführt. Im letzten Schritt (Kap. 3.4) werden die Funktionen und Anforderungen an ein Steuerungskonzept bei KMU aufgezeigt und eine Bewertung vorgenommen.

3.1 Definition und Besonderheiten von kleinen und mittleren Unternehmen

Bekannt ist wohl der Ausspruch von Welsh & White: „A small business is not a little big business" aus dem Harvard Business Review aus dem Jahr 1981.[70] Diese Aussage hat sich im Wesentlichen bis heute gehalten, denn KMU sind anders als Großunternehmen. Obwohl in der Literatur diverse Definitionsversuche vorhanden sind, existiert bis heute keine einheitliche Definition was unter KMU zu verstehen ist.[71] Dies liegt an der großen Heterogenität und Dynamik von realen Unternehmen, was eine Definition kaum möglich macht.[72] Oftmals wird der Begriff „KMU" auch mit dem „Mittelstand" oder „Familienunternehmen" gleichgesetzt, was nicht zutreffend ist.[73] Festzustellen ist, dass eine objektiv richtige Klassifikation von KMU nicht gegeben sein kann, sondern vielmehr von ihrer Zweckmäßigkeit abhängt.[74] Ebenso kann die Definition an einzelnen oder an mehreren Kriterien vorgenommen werden. Dabei wird zwischen quantitativen und qualitativen Kriterien unterschieden.[75]

3.1.1 Quantitative Merkmale

Von Bedeutung in der Wissenschaft sind in der deutschen Literatur, trotz der fehlenden Einheitlichkeit, die quantitative Definition des Instituts für Mittelstandsforschung Bonn (IfM Bonn) sowie die der Europäischen Kommission.[76] Das IfM Bonn harmonisierte ihre KMU-Definition im Rahmen der Euroumstellung mit der Definition der EU-Kommission. Dabei wurden die quantitativen Kriterien von Kleinst- und Kleinunternehmen angepasst. Der Schwellenwert der Beschäftigungszahl für mittlere Unternehmen verblieb jedoch bei 499 Beschäftigten, um die deutschen Besonderheiten zu berücksichtigen.[77] Dies lässt sich auf den vergleichsweise starken industriellen Mittelstand in Deutschland zurückführen.[78] Die folgende Tabelle zeigt die quantitativen Merkmale von KMU durch die EU-Kommission und das IfM Bonn:

Tabelle 2: Quantitative Merkmale des Mittelstands nach EU-Standards und dem IfM

Unternehmens-größe	Definition	
	EU-Kommission	IfM Bonn
Kleinstunternehmen	Mitarbeiter bis 9 Umsatz bis 2 Mio. € Bilanzsumme bis 2 Mio. €	Mitarbeiter bis 9 Umsatz bis 2 Mio. €
Kleine Unternehmen	Mitarbeiter 10 bis 49 Umsatz bis 10 Mio. € Bilanzsumme bis 10 Mio. €	Mitarbeiter bis 49 Umsatz bis 10 Mio. €
Mittlere Unternehmen	Mitarbeiter 50 bis 249 Umsatz bis 50 Mio. € Bilanzsumme bis 43 Mio. €	Mitarbeiter bis 449 Umsatz bis 50 Mio. €
KMU insgesamt	Mitarbeiter bis 249 Umsatz bis 50 Mio. € Bilanzsumme bis 43 Mio. €	Mitarbeiter bis 500 Umsatz bis 50 Mio. €
Groß	Mitarbeiter 250 und mehr Umsatz über 50 Mio. Bilanzsumme über 43 Mio. €	Mitarbeiter ab 500 Umsatz ab 50 Mio. €

Die Definition der EU-Kommission richtet sich dabei v.a. an die EU-Mitgliedstaaten, die EU-Investitionsbank sowie an den EU-Investitionsfond[79] und zieht zusätzlich noch die Bilanzsumme als typisierendes Merkmal heran. Darüber hinaus fordert die EU-Kommission von Unternehmen, dass diese nicht zu 25% oder mehr im Besitz eines oder mehrerer Unternehmen (Unternehmensgruppe) stehen, welche nicht der EU-Definition von KMU entsprechen. Hierbei handelt es sich um das Kriterium der Eigenständigkeit bzw. Unabhängigkeit. Dieses Kriterium lässt sich in amtlichen Statistiken aufgrund der nicht einheitlichen Ausweisung der Unabhängigkeit jedoch schwer feststellen, sodass in Untersuchungen dies teilweise vernachlässigt wird.[80]

Angesichts der Vielschichtigkeit der Unternehmen ist die angeführte Abgrenzung von KMU nach rein quantitativen Größenkriterien unzureichend.[81] Die Festlegung von quantitativen Grenzwerten erscheint auch in gewissen Maße willkürlich, da bspw. die unterschiedliche Bewertung eines Unternehmens mit 50 Mio. Euro Umsatz oder mit 51 Mio. Euro Umsatz fraglich ist.[82] Daher werden im Rahmen dieser Arbeit vielmehr die qualitativen als die quantitativen Abgrenzungskriterien herangezogen.

3.1.2 Qualitative Merkmale

Eine qualitative Definition von KMU erweist sich als weitaus komplexer und lässt aufgrund der Heterogenität keine vollumfassende Definition zu.[83] Zudem wird sich bei der Abgrenzung von KMU eher an den quantitativen Abgrenzungsmerkmalen orientiert. Der Mittelstand und Familienunternehmen werden demgegenüber eher durch qualitative Kriterien abgegrenzt. Da diese nicht nur Unterschiede, sondern auch Gemeinsamkeiten und Zusammenhänge aufweisen, werden diese bei der Analyse der Eigenschaften mit einbezogen.[84]

Die Bedeutung des Unternehmers kommt bei KMU eine besondere Relevanz zu. Dieser ist nicht nur Eigentümer, sondern übernimmt oftmals auch die Unternehmensführung und gibt somit direkt die Strategie des Unternehmens vor. In Folge dessen verschmelzen die Ziele von

Unternehmen und Eigentümer vielmals. Neben der Zielsetzung der Existenzsicherung, werden weitere Ziele wie die Steigerung des privaten Nutzens verfolgt. Das kann bspw. die Steigerung des Ansehens in der Gesellschaft oder auch die Nutzung eines äußerst exklusiven Firmenwagens betreffen, die den privaten Nutzen des Eigentümers steigern und den Nutzen im Unternehmen senken. Somit kann hier von einem Zielpluralismus gesprochen werden.[85] Als Zielkennzahlen dominieren die traditionellen, nicht wertorientierten Kennzahlen wie Gewinn, Umsatz oder Gesamtkapitalrendite.[86] Damit einhergehend wird KMU ein tendenziell kurzfristiges, intuitives und situationsbezogenes Denken unter Vernachlässigung der Zukunftsperspektive unterstellt. Dies ist jedoch nicht nur nachteilig, sondern sorgt auch für eine hohe Flexibilität am Markt und Kundennähe.[87] So scheint es auch nicht verwunderlich, dass eine schriftliche Strategie oftmals bei KMU nicht existiert und selbst wenn, wird diese vielmals weder an die Mitarbeiter kommuniziert, noch erhalten diese Kenntnis davon.[88]

Die Organisation ist i.d.R. durch ein überschaubares einliges System geprägt, wodurch eine flache Struktur mit kurzen Entscheidungswegen entsteht. Es existiert eine geringe Abteilungsbildung, in der wenige Mitarbeiter viele Funktionen übernehmen. Die Ablauforganisation ist durch einen geringen Formalisierungsgrad, hohe Flexibilität und kaum Koordinationsprobleme gekennzeichnet. Entscheidungen werden schnell getroffen und Weisungen direkt erteilt.[89]

Diese Denkweise schlägt sich auch im Controlling nieder. Hier stehen bei KMU operative Aufgaben im Vordergrund. So werden v.a. vergangenheitsbezogene Aufgaben erfüllt, als zukunftsorientiertes bzw. strategisches Controlling betrieben. Festzustellen ist, dass eine Vielzahl von einfach zu handhabenden Controlling-Instrumenten nicht genutzt werden. So zeigt auch eine Studie von Krol (2009), dass bei KMU vor allem operative Steuerungsinstrumente angewandt werden. Lediglich die Kapitalflussrechnung, die im weiteren Sinne zu den strategischen Steuerungsinstrumenten zählt, wird aufgrund ihrer Zahlungsorientierung noch öfter verwendet. Dem gegenüber erhöht sich der Anteil der strategischen Ausrichtung des Controllings bei einem managergeführten Unternehmen.[90]

Auch im Berichtswesen wird der Fokus stark auf finanzielle Kennzahlen gelegt und dabei nicht-finanzielle Aspekte vernachlässigt.[91] Es lässt sich auch feststellen, dass der Kommunikation mit dem ökonomischen Umfeld wenig Bedeutung beigemessen wird.[92] Dies ist in der Eigentümerstruktur von KMU begründet. Oftmals ist der Eigentümer auch der Geschäftsführer, sodass keine weiterer Informationsbedarf besteht. Zudem besteht eine eingeschränkte Informationsbereitschaft, da die Vermögensverhältnisse des Unternehmens auch die des Eigentümers darstellen.[93]

Auch die Personalstruktur ist nicht gleich mit derer von Großunternehmen. Wie auch die quantitative Definition zeigt, ist sie geprägt durch eine geringe Anzahl von Mitarbeitern. Die Mitarbeiter fungieren dabei grade auf der oberen Führungsebene als Generalisten, weil eine Arbeitsteilung wie in Großunternehmen nicht ausgeprägt ist. Dies bedeutet, dass die Mitarbeiter oftmals unterschiedliche Funktionen im Unternehmen einnehmen und verschiedene Aufgaben erledigen.[94] Der Anteil der ungelernten Arbeitnehmer und Akademiker ist vergleichsweise gering. Ein persönlicher Kontakt zwischen Unternehmensleitung und Mitarbeitern besteht i.d.R., aber hängt stark von der mentalen Grundhaltung der Geschäftsführung ab. Es kann festgestellt werden, dass Mitarbeiter eher als „Angehörige" betrachtet werden. So wird versucht Mitarbeiter auch in schwierigen Situationen, wie der Finanzkrise, zu halten oder bei persönlichen Problemen Unterstützung zukommen zu lassen. In Folge des persönlichen Kontaktes und der abwechslungsreichen Arbeitsinhalte herrscht vielmals eine hohe Arbeitszufriedenheit und Identifikation mit dem Unternehmen. Erfolgsbezogene Vergütungs- bzw. Anreizsysteme sind hingegen in KMU vielfach noch ungenutzt.[95]

Zusammenfassend kann mithilfe der quantitativen und qualitativen Merkmale eine Abgrenzung zwischen KMU und großen Unternehmen vorgenommen werden. Einigkeit herrscht jedoch, dass bei der Unterscheidung eine gewisse „Unschärfe" besteht. Ursache hierfür ist die schwierige Beobachtung der quantitativen Merkmale und die stetige Veränderung der qualitativen Merkmale eines Unternehmens.[96] Die folgende Tabelle zeigt zusammengefasst die wesentlichen qualitativen Merkmale von KMU sowie deren Unterschiede gegenüber Großunternehmen. Diese wurden auf Basis einer Literaturrecherche zusammengetragen.[97]

Tabelle 3: Qualitative Merkmale von kleinen und mittleren Unternehmen[98]

	Kleine und mittlere Unternehmen	Großunternehmen
Unternehmensführung	• Eigentümer übernimmt Leitung • Vermischung von Zielen • Führungspotenzial nicht austauschbar Eingeschränkte Managementkenntnisse • Autonome Entscheidungen, oftmals patriarchalischer Führungsstil • Überlastung durch Funktionshäufigkeit • Nähe zum Betriebsgeschehen • Geringe Ausbesserungsmöglichkeiten von Fehlentscheidungen	• Manager • Prinzipal-Agent-Problematik • Führungspotenzial austauschbar • Fundierte Managementkenntnisse • Gruppenentscheidungen, Führung mittels „Management-by" • Sachbezogene Arbeitsteilung • Ferne zum Betriebsgeschehen • Gute Ausbesserungsmöglichkeiten von Fehlentscheidungen
Strategie	• Fehlende Fixierung der Unternehmensziele • Planungslücke & mangelndes strategisches Bewusstsein • Kurzfristiges Denken & Handeln • Spontaneität, Intuition und Improvisation	• Fixierung von Leitbildern & Visionen • Formalisierte Zielfindungs- und Planungsprozesse • Langfristiges Denken & Handeln • Umfangreiche Strategieanalyse und -implementierung

	Kleine und mittlere Unternehmen	Großunternehmen
Organisation	- Überschaubares Einliniensystem - Funktionshäufung - Geringe Abteilungsbildung - Kurze, direkte Informationswege - Schnelle Entscheidungen - Starke, persönliche Bindung - Direkte Weisungen & Kontrollen - Wenig Delegation - Kaum Koordinationsprobleme - Hohe Flexibilität, geringer Formalisierungsgrad	- Komplexe Struktur - Arbeitsteilung - Umfangreiche Abteilungsbildung - Streng definierte Informationswege - z.T. langwierige Entscheidungsprozesse - Geringe persönliche Bindungen - Formalisierte Weisungen & Kontrollen - Delegation in vielen Bereichen - Große Koordinationsprobleme - Geringe Flexibilität, hoher Formalisierungsgrad
Personalstruktur	- Geringe Anzahl Beschäftigter - Geringer Anteil ungelernter Arbeiter - Geringer Anteil Akademiker - Überwiegend breites Fachwissen - Relative hohe Arbeitszufriedenheit - Starke Identifikation	- Hohe Anzahl Beschäftigter - Höherer Anteil ungelernter Arbeiter - Höherer Anteil Akademiker - Ausgeprägtes Spezialistentum - Relativ geringe Arbeitszufriedenheit - Geringe Identifikation

	Kleine und mittlere Unternehmen	Großunternehmen
Kontrollsysteme	• Wahrnehmung des Controllings durch Unternehmer bzw. Rechnungswesen • Losgelöster Einsatz einfacher Instrumente • Unzureichendes Informationswesen • Geringe IT-Unterstützung • Eingeschränkte methodische Kenntnisse bzw. Know-how • Controlling oftmals beschränkt auf gesetzliche Bestimmungen • Vergangenheitsorientierte Kontrolle eindimensionaler Ziele wie Existenz- und Liquiditätssicherung • Mangelnde Akzeptanz der Mitarbeiter	• Wahrnehmung des Controllings durch eigene Abteilung • Systematischer, abgestimmter Einsatz komplexer Instrumente • Formalisiertes Informationswesen • Umfangreiche IT-Unterstützung • Umfassende methodische Kenntnisse bzw. Know-how • Umfassende mehrdimensionale Controlling-Strukturen • Informationsversorgung & Entscheidungsunterstützung hinsichtlich multipler Untersuchungsziele • Controlling-Verständnis bei Mitarbeitern

Aufgrund dieser Abgrenzung lassen sich die wesentlichen Vor- und Nachteile von KMU gegenüber großen Unternehmen identifizieren.

Tabelle 4: Vor- und Nachteile von KMU[99]

Vorteile	Nachteile
• Hohe Kunden- & Marktnähe • Hohe Identifikation und Motivation der Mitarbeiter • Geringe Bürokratie bzw. schlanke Organisation • Hohe Flexibilität bei Produktanpassungen und Leistungserstellung	• Geringe personelle und finanzielle Ressourcenausstattung • Geringeres Aus- und Weiterbildungsniveau • Beschränkter Zugang zum Kapitalmarkt • Knappes Eigenkapital • Geringe Transparenz gegenüber Kapitalgebern • Hohe Abhängigkeit von wenigen Produkten / wenig Diversifikation • Stellvertreter- und Nachfolgeregelungen kaum vorhanden

3.2 Notwendigkeit einer wertorientierten Unternehmensführung

Wie im vorangegangenen Teilabschnitt beschrieben, sind KMU keine homogene Gruppe von Unternehmen, sodass eine eindeutige Abgrenzung schwierig ist. Dennoch gibt es spezifische Merkmale, welche KMU charakterisieren und von Großunternehmen abgrenzen. Gerade diese Besonderheiten machen KMU bzw. den Mittelstand so erfolgreich und zum „Rückgrat" der deutschen Wirtschaft.[100] Ihnen wird eine Reihe von gesamtwirtschaftlichen und gesellschaftlichen Funktionen zugeschrieben, wobei vor allem die positiven Effekte auf die Beschäftigung, das Wirtschaftswachstum und der strukturelle Wandel zu benennen sind. Zudem wird in KMU die Hoffnung gesetzt, die gesellschaftliche und wirtschaftliche Teilhabe, die Nachhaltigkeit und die wirtschaftliche Gesellschaftsordnung zu verbessern.[101]

Allerdings wird der Druck auf die KMU durch diverse Einflussfaktoren und die sich daraus ergebenden Konsequenzen immer stärker.[102]

Die politischen, wirtschaftlichen und technischen Rahmenbedingungen der globalen Wirtschaft ändern sich kontinuierlich und dynamisch. Von diesen Veränderungen sind KMU ebenso betroffen wie Großunternehmen. Jedoch sind dies nicht die einzigen Veränderungen auf die sich KMU einstellen müssen. Zusätzlich existieren weitere Einflussgrößen, die die Rahmenbedingungen speziell für KMU beeinflussen. Am stärksten werden die Veränderungen durch die Globalisierung der Absatz- und Faktormärkte deutlich. Neue Marktteilnehmer aus Schwellenländern und insbesondere Asien können durch ihre weltweit nahezu konkurrenzlosen Lohnstrukturen an Bedeutung gewinnen. Auch osteuropäische Länder profitieren u.a. durch die gesunkenen Transportkosten, wodurch ein erhöhter Kostendruck auch für inländische Unternehmen entsteht. Hier hat v.a. die Bildung des EU-Binnenmarktes und die Öffnung der Märkte Osteuropas, zu einem Anstieg des Wettbewerbsdrucks in Europa beigetragen.[103]

Ein weiterer Hauptgrund für die gestiegene Bedeutung der wertorientierten Unternehmensführung liegt in der starken Internationalisierung der Kapitalmärkte der letzten Jahre und somit in der gestiegenen Bedeutung von Investoren. Diese Entwicklung führte zu größeren Informations- und Handlungsmöglichkeiten und somit zu gestiegen Rendite- und Informationsanforderungen von Investoren. Die entstandene große Anlagevielfalt ließ die Unternehmen zu Konkurrenten um die knappe Ressource Kapital werden. Auch nicht börsennotierte Unternehmen sind von dieser Entwicklung betroffen.[104] Dabei ergibt sich die Relevanz für KMU aus deren Charakteristika. So ist zu einem der fehlende bzw. der begrenzte Zugang zum organisierten Kapitalmarkt aufzuführen. Dieser ist auf die vergleichsweise geringe Transparenz von KMU und damit auf das erhöhte bzw. schwer abschätzbare Risiko für Investoren zurückzuführen.[105] So ist es nicht verwunderlich, dass die Innenfinanzierung sowie die Finanzierung über Bankdarlehen weiterhin intensiv genutzte Mittel sind, um Kapital zu beschaffen. Folglich sind KMU von einem hohen Fremdkapitalanteil geprägt. Anderseits existiert ein deutlicher Trend, dass Fremdkapitalgeber wie z.B. Banken den Unternehmen die Kreditaufnahme erschweren. Diese fordern branchenneutral höhere Sicherheiten und stellen stärkere Anforderungen an die Offenlegung sowie Dokumentation.[106] Es kann festgestellt werden, dass Fremdkapitalgeber sowie Investoren als potenzielle Kapitalgeber auf gleichartige Probleme in Form von Intransparenz und einem schwer kalkulierbaren Risiko stoßen. Auch wenn es möglicherweise dem Unternehmensziel der Autonomie entgegensteht, wird der Beschaffung von Eigenkapital künftig eine stärkere Bedeutung zukommen. Nur so kann mit der dynamischen Entwicklung auf den Märkten mitgehalten werden.[107]

Die Bedeutung von externen Investoren wird auch durch die Nachfolgeproblematik verstärkt. So zeigt eine Studie des IfM Bonn, dass im Zeitraum von Anfang 2010 bis Ende 2014 in ca. 110.000 Unternehmen eine Nachfolgeregelung erforderlich war. Dieses Ergebnis wurde mit den Kriterien ermittelt, dass nicht nur die bloße Absicht des Eigentümers einen Nachfolger zu finden, vorhanden sein muss, sondern auch ein Mindestgewinn von rund 49.500€. Zusätzlich soll eine Mindestverzinsung des Eigenkapitals erzielt werden. Dies sieht der IfM Bonn als Voraussetzung an, damit wirtschaftliches Interesse an der Übernahme des Unternehmens besteht. Somit wird deutlich, dass weitaus mehr Unternehmen von der Nachfolgeproblematik betroffen sind als von der Studie ermittelt. Zwar planen die meisten einen familieninternen Nachfolger[108], jedoch zeigt eine Studie von EY in der Kooperation mit der Universität St. Gallen, dass seit 2011 immer weniger Nachkommen die Absicht verfolgen, die Nachfolge anzutreten. Der Anteil der potenziellen Nachfolger, die aus einer Unternehmerfamilie stammen und eine allgemeine Bereitschaft zur Nachfolge besitzen, beläuft sich weltweit auf ca. 20% der Befragten. Die Studie verzeichnete dabei einen Rückgang von etwa 13% zwischen 2011 und 2014. Noch dramatischer sieht die Situation bei deutschen Studierenden aus, die aus einem Familienunternehmen stammen, wo nur 4,2% sich eine Nachfolge innerhalb von fünf Jahren nach dem Studium vorstellen können.[109] Aus dieser Problematik ergibt sich für den Unternehmer die Frage, welche Alternativen ihm zur Verfügung stehen, um seinen Bemühungen für die Gründung und Aufbau des Unternehmens materiell vergütet zu bekommen. So kann u.a. durch einen Verkauf an einen Investor oder ein Börsengang die investierte Zeit und Anstrengungen honoriert werden. Grundsätzlich bestehen weitere Varianten für den Verkauf oder die Weiterführung des

Unternehmens, aber die beiden Vorgenannten, fordern eine umfassende Dokumentation, Transparenz und eine attraktive ökonomische Situation, um das Interesse von Investoren und Anlegern zu gewinnen.[110]

Auch entstehen durch die technologische Entwicklung neue Möglichkeiten. Die Wertschöpfungsketten verändern sich dabei rasant und für KMU mit einer beschränkten Ressourcenausstattung, wird es immer schwerer mit den Großunternehmen Schritt zu halten. Vorteile durch die technologische Entwicklung ergeben sich bspw. durch Kooperation mit anderen Unternehmen, welche mithilfe des Internets ermöglicht werden und zu einer Effizienzsteigerung führen können. Im Gegenzug erhöht sich der Druck von Seiten der Verbraucher. Diese können sich im Gegenzug durch das Internet umfassender und schneller informieren (Verringerung der Informationsasymmetrie). Unternehmen werden daher gezwungen immer preis-leistungsgerechtere und innovativere Produkte und Dienstleistungen anzubieten.[111]

Zusammenfassend lassen sich folgende Einflussfaktoren auf die Rahmenbedingungen von KMU feststellen. Die Aufzählung kann jedoch um ein Vielfaches erweitert werden. In vorangegangen Abschnitt wurde der Fokus v.a. auf die wesentlichen für die Wertorientierung sprechenden Faktoren gesetzt.

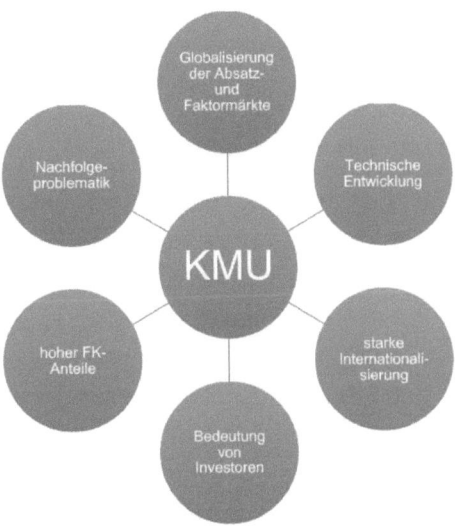

Abbildung 9: Einflussfaktoren auf die Rahmenbedingungen von KMU[112]

Die wesentliche Aufgabe für die Geschäftsführung ist es daher, die Auswirkungen dieser turbulenten Umwelt und den Einfluss auf das eigene Unternehmen zu erkennen. Nur so kann die Wettbewerbsfähigkeit durch geeignete Weiterentwicklung und Anpassungen der unterschiedlichen Unternehmensbereiche gesichert werden.[113] Dabei bedarf es immer schnellerer Entscheidungen bei gleichzeitig steigender Informationsmenge. Dies bedeutet für die Unternehmensführung eine gesteigerte Unsicherheit, welche im Kontext der limitierten Ressourcen bei KMU besonders negativ wirkt.[114] Für die Unternehmensführung ist es daher von Bedeutung sich stetig zu professionalisieren.[115] Dies soll dazu führen, dass das strategische Management in KMU die Umweltveränderungen schneller und im Rahmen der Wertorientierung wertbringender antizipieren kann. Auch kann der Unternehmensführung durch die Wertorientierung ein Instrument zur Verfügung gestellt werden, welches zur Rationalitätssicherung beiträgt. Effiziente Prozesse, schlanken Kostenstrukturen und eine gesteigerte Wettbewerbsfähigkeit sind die Folge. Eine höhere Attraktivität für neue, externe Kapitalgeber ist ebenso ein positiver Effekt[116] Die wertorientierte Unternehmensführung sollte dabei nur eingesetzt werden, wenn sie zumindest zu einem größeren Erfolg beiträgt bzw. die vorgenannten Effekte zumindest teilweise erfüllt werden.[117]

3.3 Eignung der wertorientierten Unternehmensführung

Als Grundsatz für die Entscheidung bzw. Eignung der wertorientierten Unternehmensführung steht die Haltung der strategischen Ebene des Unternehmens und somit explizit die Unternehmensführung. Diese trägt nicht nur zur Veränderung bei, sondern stellt gleichzeitig einen Erfolgsfaktor für die erfolgreiche Umsetzung dar. Oberen Führungskräften wird i.d.R. eine hohe Fachkenntnis und Kompetenz zugemessen, sodass sie vielmals eine Vorbildfunktion für untergeordnete Mitarbeiter haben. Sie sollten die Wertorientierung somit expliziert und impliziert vorleben, um möglichst viele Mitarbeiter für die neue Art zu führen, zu begeistern. Eine explizite Unterstützung wäre bspw. das Werben für das Konzept auf einer Mitarbeiterversammlung. Das Mitwirken bei der Ausübung von Schulungen dagegen eine implizite Maßnahme.[118] Dieses „Vorleben" ist notwendig, weil Mitarbeiter tendenziell reserviert sind gegenüber einem Wandel im Unternehmen und stattdessen lieber Altbewährtem vertrauen. Das liegt u.a. an der Unsicherheit die durch einen Wandel entsteht, sowie Wissens- und Willensbarrieren.[119] In KMU ist aufgrund der in Abschnitt 3.2.2 beschriebenen besonderen Bedeutung des Unternehmers von einer uneingeschränkten Unterstützung seitens der Unternehmensführung bei der Verwendung eines bestimmten Managementansatzes auszugehen. Insbesondere das hohe Engagement, Unternehmertum und Innovationskraft tragen hierzu bei. Auch die vermutete höhere Motivation und Identifikation in KMU von seitens der Führungsebene und Mitarbeiter lässt das Vorliegen einer grundsätzlich offenen Bereitschaft für Veränderungen annehmen.[120] Lediglich die unterschiedliche mentale Grundhaltung des Unternehmers von KMU führt dazu, dass teilweise die Bereitschaft für Veränderungen nicht gegeben ist bzw. anderseits sich mit dem Konzept der Wertorientierung bisher unzureichend auseinandergesetzt wurde.[121]

Bezüglich des Zielsystems besteht die herrschende Meinung, dass KMU mehrere Ziele gleichzeitig verfolgen und somit auch eine erhöhte Stakeholder-Orientierung aufweisen. Anderseits obliegt die Festlegung der Ziele vielmals ausschließlich dem Eigentümer, wodurch das Shareholder Value Denken in KMU der Realität näherkommt. So werden andere Anspruchsgruppen nur berücksichtigt, um der Zielerreichung zu dienen. Tappe (2009) beschreibt zwar, dass von einer Maximierung bzw. Steigerung des Unternehmenswertes als Unternehmensziel bei KMU nicht auszugehen ist, jedoch kann in KMU auch von einer Wertorientierung (bzw. Wertsatifizierung) statt -maximierung gesprochen werden. Das Ziel der Wertsatifizierung würde auch mit dem übergeordneten Ziel der langfristigen Existenzsicherung und Erhalt der Unabhängigkeit korrespondieren.[122] Eine empirische Untersuchung unter Großunternehmen ergab, dass je größer und fremdbestimmter ein Unternehmen ist, umso häufiger wird die wertorientierte Unternehmensführung eingesetzt. Es kann vermutet werden, dass sich dieses Ergebnis auf KMU übertragen lässt.[123] Folglich kann die Wertorientierung in Unternehmen und insbesondere in KMU unterschiedlich betrachtet werden. Dies wird in der folgenden Abbildung verdeutlicht:

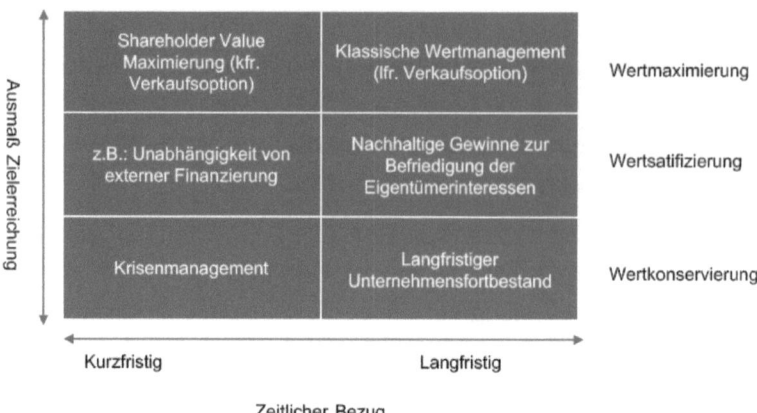

Abbildung 10: Möglichkeiten für Wertmanagement in KMU[124]

Bisher verfolgen KMU i.d.R. als oberstes Ziel die Existenzsicherung. Aufgrund der eher tendenziell kurzfristigen, intuitiven und situationsbezogenen Unternehmenssteuerung ist die Operationalisierung des Zieles nicht zu erwarten. Somit fehlt es in KMU oftmals an konkreten und konstanten Zielvorgaben.[125] Bei der Einführung einer wertorientierten Unternehmensführung muss so ein hierarchisches Zielsystem mit einer klar definierten wertorientierten Spitzenkennzahl (Zielinhalt) integriert werden. Das Herunterbrechen der Spitzenkennzahl auf die unteren Ebenen sollte mithilfe eines Wertetreiberbaumes erfolgen.[126] Dies ist notwendig, da die definierte Spitzenkennzahl i.d.R. zu abstrakt ist, um für die unteren Ebenen der Organisation als Orientierungsgröße zu dienen. Eine effektive Verhaltensinduktion kann nur durch eine Zielgröße erreicht werden, die an den direkten Tätigkeitsbereich des Mitarbeiters anknüpft.[127] Dabei müssen die Ober- und Unterziele so auszugestalten sein, dass sie zumindest keinen konkurrierenden Charakter aufweisen.[128] Neben dem Zielinhalt muss für ein effektives Zielsystem auch das Zielausmaß und der Zeitbezug festgelegt werden.[129] Um diese festzulegen, bedarf es einer umfassenden regelmäßigen und langfristigen Planung. Diese ist jedoch in KMU vielmals nicht fest institutionalisiert und nur auf die kurzfristige Perspektive ausgerichtet.[130]

Diese Mängel in der Planung spiegeln sich auch im Controlling von KMU wieder. Wie im Kapitel 3.2.2 beschrieben, werden eine Vielzahl von einfachen zu handhabenden Controlling-Instrumenten nicht genutzt bzw. werden v.a. operative Instrumente eingesetzt.[131] Auch fehlt es an einer Integration in die strategische Zielplanung und die fehlende Verknüpfung in ein Gesamtsystem.[132] Es ist festzustellen, dass das Planungs- und Kontrollsystem in Hinblick auf die wertorientierte Unternehmensführung unzureichend ausgestaltet ist.[133] Das Controlling müsste u.a. die Kontrolle eines langfristigen, zukünftigen Zeitraums ermöglichen und sämtlicher Wertschaffungsquellen beinhalten sowie Cashflow orientierter sein.[134]

Wie auch das Controlling, vernachlässigt das Berichtswesen die Zukunftsperspektive. So werden vor allem vergangenheitsbezogene Daten und Informationen zur Verfügung gestellt.[135] Dabei werden tendenziell mehrere Teilsysteme als integrierte und koordinierte Gesamtsysteme eingesetzt.[136] Dies führt zu erhöhten Fehlerquellen und ermöglicht nur einer eingeschränkten Informationsverarbeitung bzw. erschwert diese.[137] Wie in Abschnitt 3.2.2. beschrieben, wird der Kommunikation mit dem ökonomischen Umfeld in KMU zu wenig Bedeutung beigemessen.[138] Die bisherige Kommunikation orientiert sich sehr stark an den Vorgaben der Banken, da diese eine wesentliche Finanzierungsquelle darstellen. Darüberhinausgehende Informationen werden nicht übermittelt. Die Kommunikationspolitik und -inhalt entspricht somit nicht der wertorientierten Unternehmensführung. Ein geeignetes Informationsinstrument wie bspw. der Geschäftsbericht oder die Website ist dem gegenüber jedoch vorhanden.[139]

Erfolgsbezogene Vergütungs- bzw. Anreizsysteme sind in Europa und insbesondere in KMU vielfach noch ungenutzt.[140] Jedoch lässt die starke Identifikation und die hohe Arbeitszufriedenheit auf eine ausgeprägte Motivation bei Mitarbeitern von KMU schließen. Dies lässt eine zusätzliche Incentivierung obsolet erscheinen.[141] Dem gegenüber sieht Hamel (2013), dass eine Beteiligung der Mitarbeiter am ökonomischen Ergebnis auch Nachteile bei der Personalvergütung von KMU ausgleichen kann.[142] Mittelständische Unternehmen mit einer Mitarbeiterbeteiligung sind zudem produktiver als ihre Wettbewerber, argumentiert das Bundesministerium für Wirtschaft und Energie.[143] So lassen sich verschiedene Meinungen über die Bedeutung und Relevanz einer leistungsorientierten Anreizgestaltung in KMU finden. Ist ein Anreizsystem vorhanden, so ist dies oftmals mangels Ziel-, Planungs- und Kontrollsystem auf erfolgsorientierte Bemessungsgrundlagen aufgebaut. Auch fokussiert sich der überwiegende Teil der Literatur bei der Anreizgestaltung in KMU auf die Vergütung von Führungskräften.[144] Folglich muss bei der Verwendung der wertorientierten Unternehmensführung auf zwei Fragestellungen eingegangen werden. Einerseits der Notwendigkeit eines Anreizsystems und anderseits die Frage der Implementierung bzw. Umstellung des bestehenden Systems. Die Autoren Plaschke (2003) und Krol (2009) vertreten u.a. die Meinung, dass der Einsatz und die Ausrichtung der variablen Vergütungssysteme an die Wertschaffung, eine zwingende Voraussetzung für die wirksame Umsetzung sind. Nur so kann eine zielkonforme Verhaltensänderung bewirkt werden.[145] Probleme bei der Einführung einer leistungsbezogenen Vergütung können aus den Bedenken der Mitarbeiter insbesondere im Zusammenhang mit der Abkehr von den stabilen und homogegen Entgeltstrukturen sowie dem damit verbunden höheren Leistungsdruck resultieren. In Folge kann eine variable, auf wertorientierten Größen basierte Vergütung auch negative Effekte auf die Mitarbeitermotivation haben.[146]

Folgende Übersicht zeigt die fehlenden organisatorischen Anforderungen des Konzeptes die in KMU bei der Einführung zu Problemen führen können.

Tabelle 5: Voraussetzungen und Probleme bei KMU[147]

	Voraussetzung	Probleme KMU
Unternehmensführung	• Bereitschaft der Führung die bestehenden Managementsysteme am Unternehmenswert als oberstes Ziel auszurichten.	• Teilweise fehlende Bereitschaft für Veränderungen
	• umfassenden, regelmäßigen und langfristigen Planung	• in KMU kaum bis nicht vorhanden und v.a. intuitiv
	• wertorientiertes hierarchisches Zielsystem	• entweder nicht vorhanden oder nur auf Führungsebene beschränkt
Kontrollsystem	Controlling	• auf vergangenheitsbezogene Daten und Informationen beschränkt • eingeschränkte Nutzung von Controlling Instrumenten
	Berichtswesen	• auf vergangenheitsbezogene Daten und Informationen beschränkt • Kommunikationspolitik und -inhalt nicht entsprechend ausgeprägt
Personal	Anreizsysteme	• Vielfach noch ungenutzt oder nur auf die Führungsebene beschränkt • Unterschiedliche Meinungen über die Relevanz bei KMU

Um diese neuen und notwendigen Anpassungen in der Organisationsstruktur vorzunehmen, bedarf es einer offenen und positiven Einstellung gegenüber Veränderungen. Dies geschieht nur dann, wenn die Schwächen des bisher verwendeten Managementansatzes erkannt und der Nutzen des neuen Konzeptes gewürdigt werden.[148] Auch bedarf es einer ausreichenden Ressourcenausstattung in Form von Zeit, Geld und Personal sowie einer strategischen Planung. Diese sind jedoch in KMU oft knapp bzw. nicht vorhanden und wichtige Veränderungen werden häufig hinausgeschoben. In Folge dessen wird vielmals erst agiert, wenn die Unternehmenssituation nachhaltig negativ beeinträchtigt wurde und Änderungen zwingend erforderlich sind.[149]

Insgesamt lässt sich feststellen, dass der Gedanke der Wertorientierung in KMU zwar vorhanden, jedoch noch nicht formalisiert ist und die Zielerreichung in der operativen Steuerung und Kontrolle unzureichend verfolgt wird.[150] Anreizsysteme sind zudem vielfach nicht installiert.[151]

3.4 Bewertung der wertorientierten Unternehmensführung

Die wertorientierte Unternehmensführung ist in KMU gering verbreitet. Dies mag auch darauf zurückzuführen sein, „dass sich bisher kein allgemeingültiges Konzept einer wertorientierten Unternehmensführung etabliert hat, welche die spezifischen Besonderheiten von KMU adäquat berücksichtigt." Das ist einerseits mit der Vielschichtigkeit des Begriffs „Wertorientierte Unternehmensführung" und anderseits mit dem Mangel an Heterogenität in der großen Gruppe von KMU zu begründen. Bei der Entwicklung und Verwendung eines Managementansatzes und bei der Ausrichtung der Unternehmensführung muss immer auch die jeweilige Situation des Unternehmens berücksichtigt werden. Dies fällt bei KMU, die durch eine Vielzahl von externen und internen sowie situativen Kontextfaktoren geprägt sind, besonders schwer. Diese nehmen alle potenziellen Einflüsse auf die Ausgestaltung des Führungssystems.[152] So steht das Konzept, dass gemeinhin nur mit bereits börsennotierten Aktiengesellschaften assoziiert wird und deren Übertragung auf KMU vor mehreren Hürden. Dies ist in der betriebswirtschaftlichen Diskussion nur unvollständig reflektiert.[153]

Die Vorteile in der Verwendung eines systematischen Steuerungsansatzes liegen u.a. in der Schärfung des strategischen Bewusstseins. So würde sich das Unternehmen regelmäßiger mit strategischen Fragestellungen auseinandersetzen, was grade in KMU bisher weniger der Fall ist. Dies ermöglicht oftmals erst die frühzeitige Identifikation von Marktveränderungen und der Auseinandersetzung mit knappen Ressourcen. Auch die Festlegung der Unternehmensziele und die systematische Ableitung von Maßnahmen würde somit weiter formalisiert werden. Eine stärkere Professionalisierung wird durch den Einsatz von etablierten Instrumenten und Methoden sowie der Institutionalisierung von Prozessen und Systemen erreicht.[154] Als strategische Vorteile kann somit die nachhaltige Stärkung der Wettbewerbsfähigkeit angesehen werden, die auch zur langfristigen Existenzsicherung beiträgt. Mittelständische Unternehmen, die über formalisiertes Planungs- und Kontrollmechanismen und über eine definierte Unternehmensstrategie verfügen, sind zudem signifikant erfolgreicher als Unternehmen ohne strategische und finanzielle Planung und Steuerung.[155]

Auch wenn die Vorteile für die Einführung des Ansatzes sprechen, müssen im Zusammenhang mit der Einführung die Besonderheiten von KMU berücksichtigt werden. Der Ansatz muss daher bestimmte Anforderungen erfüllen.[156]

Der Ansatz sollte Einfachheit und Praktikabilität gewährleisten und zu einem hohen Verständnis bei den Mitarbeitern führen. Nur so kommt es zu einer effizienten Nutzung von Ressourcen. Zu beachten ist hier insbesondere die bestehende Ressourcenrestriktion bei KMU.[157] Insbesondere „die Einführung und dauerhafte Anwendung des wertorientierte Steuerungskonzeptes ist zunächst mit einem erheblichen Aufwand verbunden."[158] Nach der Theorie des Konzeptes soll ein Unternehmen alle Investitionen umsetzen, die den Wert des Unternehmens erhöhen. Bei KMU wird dies aufgrund der Ressourcenrestriktionen wahrscheinlich nicht möglich sein. So können bspw. die vorhandenen

Finanzierungslimits auf dem unvollkommenen Kapitalmarkt und/oder beschränkte technologische Mittel dazu führen, dass nicht alle Geschäftsfelder betrieben werden können, obwohl sie zu einer Werterhöhung führen würden.[159] Auch die Prognose über die zukünftige Entwicklung, die auf Schätzungen basiert, kann problematisch gesehen werden. Jedoch kann dieses Prognoseproblem als kein grundsätzlicher Nachteil des Konzeptes relativiert werden, da es möglicherweise genügt, die relevanten Werttreiber zu identifizieren und über Tendenzaussagen Alternativen vergleichbar zu machen.[160] Vielmehr kann die Bewertung von Investition im Zuge der Berechnung des Wertebeitrags problematisch sein. Zur Bewertung ist es notwendig, die Projekte separat zu betrachten. Im Unternehmen entsteht ein Verbund- bzw. Zurechnungsproblem. Ausgelöst wird dies durch die horizontalen und vertikalen Verbunde, welche die Zurechenbarkeit von Wertebeiträgen und Kapitalkosten auf die einzelnen Geschäftsfelder oder von Strategien erschwert bzw. nicht möglich macht.[161]

Auch sollte der Ansatz wirtschaftlich sein. Einerseits müssen die notwendigen Ressourcen vorhanden oder wirtschaftlich bereitgestellt werden können und anderseits die laufenden Kosten gerechtfertigt sein. Hierzu müssen im ersten Schritt die Kosten für die Bereitstellung und die Nutzung möglichst genau quantifiziert werden. Anschließend sind die Kosten mit dem zu erwartenden direkten oder indirekten quantifizierbaren Nutzen gegenüber zu stellen.[162]

Für die Berechnung der Wirtschaftlichkeit im Zusammenhang mit der Einführung eines Managementansatzes kann z.B. die Kapitalwertmethode als dynamisches, mehrperiodisches Verfahren der Investitionsrechnung verwendet werden. Dieses ist vergleichsweise einfach zu handhaben und daher in mittelständischen Unternehmen gut einsetzbar.[163] Als problematisch anzusehen ist, dass die einfließenden Variablen quantifiziert werden müssen. Die Komplexität der Bewertung von Kosten und Nutzen informationsbasierter Managementansätze kann als hoch bezeichnet werden und auch zur Ablehnung des Verfahrens führen.[164] Auch wenn der quantifizierbare Nutzen nicht höher als die damit verbundenen Kosten ist, kann ein Einsatz durchaus lohnend sein. So kann bspw. ein strategischer Vorteil gegenüber Mitbewerbern den Einsatz rechtfertigen.[165]

Flexibilität ist eine weitere Anforderung an das Steuerungskonzept und muss dabei zwei Funktionen einschließen. Zum einen muss sich das Unternehmen gut an externe Veränderungen wie bspw. veränderte Kundenbedürfnisse anpassen können. Zum anderen muss auf unternehmensinterne Veränderungen flexibel reagiert werden können.[166] Aufgrund der hohen Markt- und Kundennähe bei KMU kann auch unter der Verwendung der wertorientierten Unternehmensführung von einer guten Flexibilität auf externe Veränderungen ausgegangen werden.[167] Die Reaktionsfähigkeit bei internen Veränderungen ist jedoch differenziert zu sehen. Auf der einen Seite kommt Mitarbeiter in KMU eher die Rolle des Generalisten als die des Spezialisten zu,[168] sodass sie einerseits höheren Anforderungen hinsichtlich Qualifikation, Flexibilität und Übernahme von Verantwortung aufweisen müssen.[169] Anderseits werden Mitarbeiter durch die schlanken Strukturen und die Funktionshäufung zu alleinigen Wissensträgern. Problematisch ist dies, wenn sie das Unternehmen verlassen. Hierdurch können funktionale Lücken in wichtigen Bereichen entstehen, die die Leistungsfähigkeit des Unternehmens gefährden können. In Folge kann dies auch zu Problemen in der Anwendung der wertorientierten Unternehmensführung führen.[170]

Abschließend muss auch die Akzeptanz der Mitarbeiter sichergestellt werden. Wie bereits beschrieben, ist ein positives Vorleben der Führung und eine transparente Ausgestaltung eine Voraussetzung für die Anwendbarkeit des Systems. Nur so können die Mitarbeiter zu einer praktischen Umsetzung des Systems motiviert werden.[171] In KMU kann von der uneingeschränkten Unterstützung seitens der Unternehmensführung ausgegangen werden. Auch die starke Identifikation und die hohe Arbeitszufriedenheit können sich positiv auf die Akzeptanz auswirken.[172] Anderseits kann die Einführung eines Anreizsystems zu Bedenken und Ablehnung des Konzeptes führen.[173] Die unzureichende Qualifikation der Mitarbeiter kann aufgrund der anspruchsvollen konzeptionellen Wertmanagementgrundlagen zu Problemen führen. Das fehlenden Wissens bei der Nutzung der erforderlichen Instrumente kann ebenso negative Auswirkung bei der Verwendung nach sich ziehen.[174] So zeigt bspw. ein Praxisstatement der Lufthansa, dass viele Entscheidungsträger trotz vollständiger Integration die wertorientierte Spitzenkennzahl nicht als entscheidende Beurteilungsgröße verwendeten. Primär wurde wieder auf klassische operative Erfolgsgrößen zurückgegriffen. Als Grund hierfür wurde die Komplexität des Konzeptes aufgeführt.[175] Die Lufthansa ist zwar ein Großunternehmen, aber zeigt beispielhaft, dass auch Unternehmen mit ausreichender Ressourcenaussattung auf das Problem der Komplexität des Ansatzes stoßen.

Festzustellen ist, dass sich eine Reihe von Problemen bei der Einführung der wertorientierten Unternehmensführung bei KMU ergeben. Diese können die Einführung erschweren bzw. sogar verhindern.[176] Größere KMU verfügen dabei über komplexere und weiter entwickelte Führungskonzepte als kleinere KMU. Das kann annahmegemäß mit der breiteren Ressourcenbasis von größeren Unternehmen gegründet werden. Hier sind die Kosten der Implementierung und der laufenden Nutzung von wertorientierte Managementinstrumente eher wirtschaftlich tragbar. Dies lässt sich nicht zuletzt auf die dort zu vermutenden besseren IT-Strukturen und die höhere Leistungsfähigkeit der Controllinginstrumente zurückführen.[177] Eine fehlende Börsennotierung ist hingegen kein Hindernis bei der generellen Anwendung.[178]

Folgende Übersicht zeigt abschließend die Funktionen und Anforderungen, die ein systematischen Steuerungsansatz die bei der Verwendung in KMU erfüllen sein sollten.

Tabelle 6: Anforderungen & Funktionen eines Steuerungskonzeptes für KMU[179]

Steuerungskonzept	
Funktionen	Allgemeine Anforderungen
• Schärfung des strategischen Bewusstseins • Klare Zielsetzung • Systematische Ableitung erforderlicher Maßnahmen • Institutionalisierung von Prozessen und Systemen • Nachhaltige Steigerung der Wettbewerbsfähigkeit	• Einfachheit & Praktikabilität • Wirtschaftlichkeit • Flexibilität • Akzeptanz

Besteht bei KMU trotz der aufgezeigten Probleme das Interesse an der wertorientierten Unternehmensführung, muss zur Entscheidung über die Verwendung eine detaillierte Analyse bzw. Planung erfolgen. Selbst wenn sich im Rahmen der Analyse der Funktion und Anforderungen im unternehmensspezifischen Kontext gegen den Einsatz entschieden wird, bringt dies jedoch viele nützliche Informationen für das Unternehmen.[180]

4 Empirische Befunde

Es existieren nur wenige empirische Untersuchungen zum Stand der Anwendung der wertorientierten Unternehmensführung in deutschen mittelständischen Unternehmen. So stellten Günther/Gonschorek (2006) in ihrer Untersuchung fest, dass trotz der intensiven empirischen Untersuchungen bei börsennotierten Unternehmen kein entsprechendes Pendant bei mittelständischen Unternehmen existiert.[181] Auch Khadjavi (2005) und Krol (2009) sehen hier eine fehlende wissenschaftliche Auseinandersetzung bzw. eine Forschungslücke.[182]

Günther/Gonschorek (2006) stellen in ihrer Untersuchung fest, dass die wertorientierte Unternehmensführung v.a. bei großen und börsennotierten Unternehmen verbreitet ist. Bei kleineren Unternehmen sind die Verfahren hingegen erst in Ansätze vorhanden und es werden kaum wertorientierte Steuerungsmethoden zur Erreichung des Ziels der Wertsteigerung angewandt. Die Ursache hierfür machen sie vor allem das Informationsdefizit über das Konzept verantwortlich. Sie sehen es daher als Aufgabe, die vorhandenen Defizite abzubauen und die Methodik des Konzeptes an die Anforderungen des Mittelstands anzupassen.[183] Die Ergebnisse müssen jedoch in dem Kontext betrachtet werden, dass die Autoren mittelständische Unternehmen als Unternehmen mit einem Umsatz bis zu 1 Mrd. EUR definieren.[184]

Auch die Untersuchung von Krol (2009) kommt zu einem ähnlichen Ergebnis wie Günther/Gonschorek. Dieser sieht die Bereitschaft einer höheren Wertorientierung im Mittelstand, jedoch führt er ebenso die geringe Anwendung auf das fehlende Instrumentarium und auf die unzureichenden Methodenkenntnisse zurück.[185] Dies wird auch in dem Ergebnis wiedergespiegelt, dass sich zwischen 40% und 50% der Unternehmen bisher noch nicht mit dem Verfahren auseinandergesetzt haben. So erscheint es nur logisch, dass die wertorientierten Methoden und Kennziffern überwiegend gering oder kaum zur Anwendung kommen. Eine Anwendung der Methoden hält demgegenüber ein Drittel der Befragten, die diese bisher nicht anwenden, zukünftig für geeignet.[186]

Die Aufgeschlossenheit des Konzeptes zeigt sich in den Nutzenpotenzialen, welche die Unternehmen in dem Konzept sehen. Hier werden v.a. die Wertsteigerung (74%), die Verbesserung der Unternehmensperformance (73%) und die Identifizierung von wertschaffenden/-vernichtenden Strategien (71%) benannt. Dies kann darauf zurückgeführt werden, dass die wertorientierte Unternehmensführung Antworten auf Fragen zur effizienten Allokation knapper Ressourcen geben und somit die gesamte Entwicklung des Unternehmens verbessert werden kann.[187] Bei 57% der befragten Unternehmen wird die Verbesserung des Bankenratings genannt. Da KMU i.d.R. einen hohen Fremdkapitalanteil aufweisen, ist dies nicht verwunderlich. Stellen doch die Banken in der jüngsten Vergangenheit branchenneutral höhere Sicherheiten, stärkere Anforderungen an die Offenlegung sowie Dokumentation.[188] Mit 55% wird die verbesserte Risikokontrolle und mit knapp 50% die Überwindung der Schwächen der traditionellen Kennzahlen als Vorteil angesehen. Die Mitarbeitermotivation wird immerhin noch bei 48% der Befragten als Nutzen gesehen. Fraglich ist, ob die Befragten die Erhöhung der Mitarbeitermotivation über die Wertorientierung an sich oder über das möglicherweise fehlende und somit neue einzurichtende Anreizsystem verwirklicht sehen.[189] Nicht verwunderlich ist, dass die Steigerung der Attraktivität gegenüber Investoren bei nur 31% der Befragten als Nutzen erkannt wird. Hier äußert sich vermutlich die Zielsetzung der Unabhängigkeit der Eigentümer, welche Investoren möglicherweise entgegenstehen.

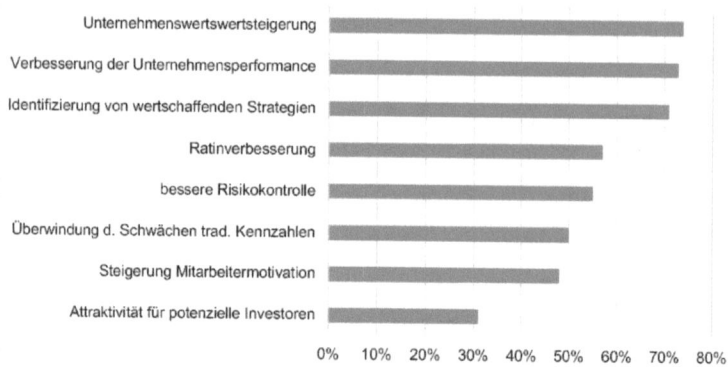

Abbildung 11: Nutzen der wertorientierten Unternehmensführung[190]

Obwohl einige Unternehmen den Nutzen in der Wertorientierung erkennen, ist sie bisher gering verbreitet. Dies lässt sich einerseits auf das fehlende Instrumentarium und auf die unzureichenden Methodenkenntnisse zurückführen. Aber auch bei der Implementierung sehen die Unternehmen Probleme, welche die vorgenannte Aussage unterstützen. So sehen die Unternehmen in der unzureichenden bzw. notwendigen Anschaffung zusätzlicher IT-Systeme (38%) die größte Barriere bei der Implementierung.

Diese wird auch von der Feststellung gestützt, dass in KMU tendenziell mehrere Teilsysteme als integrierte und koordinierte Gesamtsysteme eingesetzt werden.[191] Das nicht ausreichende Personal (35%) und das fehlende Know-How (31%) wird ebenso als Implementierungsbarriere angesehen. Da die Mitarbeiter in KMU v.a. generalistisch aufgestellt sind und Personal eine knappe Ressource ist, kann dies nachvollzogen werden.[192] 30% der befragten Unternehmen verbinden zudem mit der Wertorientierung einen hohen Kostenaufwand.[193] Immerhin noch 25% halten die traditionellen Instrumente für ausreichend. Gesellschaftliche und mitarbeiterseitige Bedenken haben dagegen mit nur 12% eine untergeordnete Bedeutung.

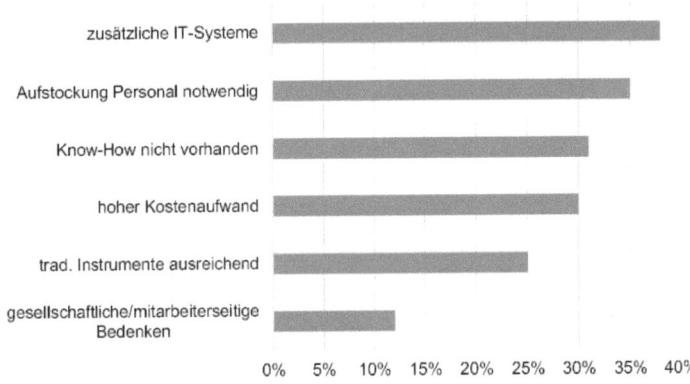

Abbildung 12: Implementierungsbarrieren der wertorientierten Unternehmensführung[194]

Insgesamt erscheinen die Ergebnisse der Untersuchungen sehr konsistent mit den Merkmalen von KMU und den vorrangegangenen Ergebnissen. Jedoch beantworten die wenigen Untersuchungen nicht alle Fragen, die mit der Einführung der wertorientierten Unternehmensführung bei KMU zusammenhängen. Vor allem die Frage nach einem allgemeingültigen Konzept für KMU bleibt in der betriebswirtschaftlichen Diskussion unbeantwortet. Auch ist die Anzahl der vorhandenen Untersuchungen sehr gering und verdeutlicht das fehlende Interesse an dem Forschungsgebiet der Wertorientierung in KMU.

5 Fazit

KMU sind keine homogene Gruppe von Unternehmen und weisen eine Vielzahl spezifischer Charakteristika gegenüber Großunternehmen auf. Einerseits machen diese Besonderheiten sie sehr erfolgreich aber anderseits wird der Druck auf KMU insbesondere durch die Globalisierung immer stärker. Eine zentrale Aufgabe im Unternehmen ist und bleibt daher die Auswirkungen der Umweltbedingungen und den Einfluss auf das eigene Unternehmen zu erkennen. Nur so kann die Wettbewerbsfähigkeit und somit auch die Existenz des Unternehmens gesichert werden. Problematisch ist, dass die Zukunft nur schwer vorhersehbar ist. Mithilfe von Prognosen und strategischen Instrumenten kann sich jedoch besser auf die Umweltveränderungen wie bspw. neue Technologien, Internationalisierung sowie die gewandelten Verhaltensweisen der Abnehmer eingestellt werden. Dies scheint in dem Kontext, dass KMU eine tendenzielle kurzfristige, intuitive und situationsbezogene Handlungsweise aufweisen und eine strategische Planung oftmals vermissen lassen, von besonderer Bedeutung. Eine mögliche Variante, die zukünftige Perspektive in KMU besser zu berücksichtigen, ist die wertorientierte Unternehmensführung als umfassendes Führungskonzept. Der Einsatz eines strategischen Managementansatzes bringt dabei die Erwartungshaltung mit sich, dass durch diesen die Umweltbedingungen schneller erkannt und antizipiert werden können.

Dieser Erwartung wird die Wertorientierung zumindest zum Teil gerecht. Sie weist nicht nur einen konkreten Zukunftsbezug auf, sondern stärkt v.a. das strategische Bewusstsein. Der Einsatz von etablierten Instrumenten und Methoden wird gefördert. So wird sich verstärkt auf die Unternehmensziele und auf die systematische Ableitung notwendiger Maßnahmen fokussiert. Die intuitive und spontane Unternehmensführung kann hierdurch ersetzt und eine stärkere Professionalisierung von KMU erreicht werden.

Fazit

Das Konzept findet jedoch bisher v.a. bei großen und börsennotierten Unternehmen Anwendung. Aufgrund der Besonderheiten von KMU kann aber keineswegs das Grundkonzept einfach auf diese übertragen werden. Vielmehr müssen die Methoden und Instrumente an die individuellen Situationen und Bedürfnisse der KMU angepasst werden. Das scheint vor allem vor dem Hintergrund der fehlenden Homogenität äußerst schwierig, sodass sich bisher kein allgemeingültiges Konzept einer wertorientierten Unternehmensführung bei KMU etabliert hat. Auch sind die Schwierigkeiten bei der Übertragung des Konzeptes in der betriebswirtschaftlichen Diskussion nur unvollständig reflektiert. Daher ist es nur logisch, dass KMU unzureichende Methodenkenntnisse und ein fehlendes Instrumentarium zur Nutzung der Wertorientierung aufweisen. Darüber hinaus sind einige Anpassungen in der organisatorischen Struktur notwendig. Es zeigt sich, dass je größer das Unternehmen ist, desto häufiger wird das wertorientierte Führungskonzept verwendet.

Dies ist vor allem mit der breiteren Ressourcenbasis von größeren Unternehmen zu begründen. Die Kosten für die Implementierung und laufenden Nutzung scheinen hier eher wirtschaftlich tragbar zu sein als in kleineren Unternehmen. So kommt das Konzept in KMU insgesamt wenig oder kaum zur Anwendung.

Eine Eignung des Konzeptes für KMU ist durchaus gegeben, jedoch muss dies im unternehmensspezifischen Kontext für jedes Unternehmen separat betrachtet werden. Neben der Unternehmensgröße existieren dabei weitere Kontextfaktoren, die einen Effekt auf die Eignung erzielen. Eine Verwendung ist nichts desto trotz schon deshalb lohnenswert, weil somit nachhaltig die Wettbewerbsfähigkeit gestärkt werden kann. Anderseits ist das fehlende bzw. eingeschränkte betriebswirtschaftliche Forschungsinteresse und das Fehlen eines einheitlichen Konzeptes nicht förderlich für die Verbreitung des Konzeptes bei KMU. Auch im Hinblick darauf, dass in KMU zum Teil eine unwirtschaftliche bzw. unter Wertgesichtspunkten suboptimale Steuerung einerseits erkannt wird und anderseits sogar bewusst akzeptiert wird, ist ein weiterer Forschungsbedarf durchaus gegeben. Wünschenswert wäre die

Entwicklung eines allgemeingültigen Konzeptes, welches die Ressourcenrestrektionen von KMU berücksichtigt und anderseits die Anforderungen der Einfachheit, Praktikabilität und Flexibilität erfüllt. Fraglich ist, ob das Konzept im Ganzen signifikante Vorteile für KMU bürgt oder ob einzelne Teilelement die Effizienz schon nachhaltig steigern. So kann bspw. bei KMU, die über formalisierte Planungs- und Kontrollmechanismen und über eine definierte Unternehmensstrategie verfügen, festgestellt werden, dass diese signifikant erfolgreicher sind als Unternehmen ohne strategische und finanzielle Planung und Steuerung. Auch kann ein verbessertes Berichtswesen, welches sowohl vergangenheits- als auch zukunftsbezogen ist, den Zugang zum Kapital verbessern. Der bessere Zugang zum Kapitalmarkt scheint dabei unter dem Aspekt der Nachfolgeproblematik besonders interessant.

Abschließend ist festzustellen, dass die wertorientierte Unternehmensführung kein „Allheilmittel" für die Schwächen von KMU ist. Diese können jedoch mithilfe des Konzeptes teilweise kompensiert werden. Leider wirft das Konzept auch Probleme auf. Zudem müssen im Unternehmen weiterhin Visionen, Strategien und unternehmerische Initiativen existieren, die notwendig sind, um Organisationen zu außergewöhnlichen Leistungen zu motivieren.

Literaturverzeichnis

Achleitner, A.-K., & Bassen, A. (2002). Entwicklungsstand des Shareholder-Value-Ansatzes in Deutschland. In H. Siegwart, & J. Mahari, Corporate Governance, Shareholder Value und Finance (S. 611-636). München: Helbing Lichtenhan Verlag.

Ahlemeyer, N., & Burger, A. (2016). Wertorientiertes Controlling - Konzepte und Fallstudien. Konstanz/München: UVK Verlag.

Arbeitskreis Internes Rechnungswesen der Schmalenbach-Gesellschaft. (2010). Vergleich von Praxiskonzepten zur wertorientierten Unternehmenssteuerung. Zeitschrift für betriebswirtschaftliche Forschung(62), S. 797-820.

Arnold, U. (2013). Beschaffung. In H.-C. Pfohl, Betreiebswirtschaftslehre der Mittel- und Kleinbetriebe (S. 121-154). Berlin: Erich Schmidt Verlag.

Börner, C. J. (2013). Finanzierung. In H.-C. Pfohl, Betreibswirtschaftslehre der Mittel- und Kleinbetriebe (S. 311-346). Berlin: Erich Schmidt Verlag.

Becker, K., Bluhm, K., & Martens, B. (2008). Unternehmensführung in Zeiten des Shareholder Value - Zum Wandel des industriellen Mittelstands. In R. Benthin, & U. Brinkmann, Unternehmenskultur und Mitbestimmung (S. 213-242). Frankfurt: Campus Verlag.

Behringer, S., & Lühn, M. (2016). Cashflow und Unternehmensbeurteilung (11 Ausg.). Berlin: Erich Schmidt Verlag.

Berens, W., Püthe, T., & Siemes, A. (2005). Ausgestaltung der Controllingsysteme im Mittelstand – Ergebnisse einer Untersuchung. Controlling & Management, 49(3), S. 186-191.

Bergmann, L., & Crespo, I. (2009). Herrausforderungen kleiner und mittlerer Unternehmen. In U. Dombrowski, C. Herrmann, T. Lacker, & S. Sonnentag, Modernisierung kleiner und mittlerer Unternehmen (S. 5-6). Berlin und Heidelberg: Springer Verlag.

Bleicher, K. (2017). Das Konzept Integriertes Management: Visionen - Missionen - Programme (9 Ausg.). Frankfurt: Campus Verlag.

Britzelmaier, B. (2013). Wertorientierte Unternehmensführung (2 Ausg.). Herne: Kiehl Verlag.

Buchholz, L. (2013). Strategisches Controlling (2 Ausg.). Wiesbaden: Springer Gabler.

Bundesministerium für Wirtschaft und Energie. (04. Oktober 2017). Wirtschaftsmotor Mittelstand Zahlen und Fakten zu den deutschen KMU.

Bundesministerium für Wirtschaft und Energie. (19. Januar 2018). Mitarbeiterkapitalbeteiligung. Von Existenzgründerportal des BMWi: http://www.existenzgruender.de/DE/Unternehmen-fuehren/Personal/Mitarbeiterkapitalbeteiligung/inhalt.html abgerufen

Cernavin, O., Ehnes, H., Icks, A., Kruse, O., & Sieker, A. (2012). Neue Chancen und Herausforderungen für den Mittelstand. In Offensive Mittelstand, Unternehmensführung für den Mittelstand (S. IX-XXI). Stuttgart: Schäffer-Poeschel Verlag.

Coenenberg, A. G., Salfeld, R., & Schultze, W. (2015). Wertorientierte Unternehmensführung: Vom Strategieentwurf zur Implementierung (3 Ausg.). Stuttgart: Schäffer-Poeschel Verlag.

Cools, K., & van Praag, M. (Mai 2003). The Value Relevance of Disclosing a Single Corporate Target. Abgerufen am 05. Januar 2018 von Tinbergen Institute: https://papers.tinbergen.nl/03049.pdf

Copeland, T., Koller, T., & Murrin, J. (1994). Valuation: Measuring and Managing the Value of Companies. New York: Wiley.

Copeland, T., Koller, T., & Murrin, J. (1996). Valuation: Measuring and Managing the Value of Companies (2 Ausg.). New York: McKinsey & Company.

Copeland, T., Koller, T., & Murrin, J. (2000). Valuation: Measuring and Managing the Value of Companies (3 Ausg.). New York: Wiley.

Deloitte. (September 2008). Unternehmensführung und Controlling. Aus der Studienserie Erfolgsfaktoren im Mittelsrand.

Ebeling, C. (2007). Erfolgsfaktoren einer wertorientierten Unternehmensführung. Wiesbaden: Deutscher Universitäts Verlag.

Eurofound. (2017). Sixth European Working Conditions Survey – Overview report. Luxembourg: Publications Office of the European Union.

FAS AG. (2005). Mittelstandsstudie "Finanzierung, Controlling und Bilanzierung". Stuttgart.

Faupel, C., Röpke, H.-J., & Schümer, O. (2010). Vorstellung und Beurteilung verschiedener wertorientierter Steuerungsgrößen. Zeitschrift für Controlling und Management, S. 54-61.

Fischer, T. M., & Klöpfer, E. (2006). Entwicklung und Perspektiven des Value Reporting. Value Reporting, S. 4-15.

Fischer, T. M., & Wenzel, J. (2003). Wertorientierte Berichterstattung (Value Reporting) in deutschen börsennotierten Unternehmen - Ergebnisse einer empirischen Studie. Eichstätt-Ingolstadt: Kath. Universität.

Fischer, T. M., Wenzel, J., & Kühn, C. (2001). Value Reporting - Wertorientierte Berichterstattung in den Nemax-50 Unternehmen. Der Betrieb, S. 1209-1216.

Flacke, K. (2006). Controlling in mittelständischen Unternehmen – Ausgestaltung, Einflussfaktoren der Instrumentennutzung und Einfluss auf die Bankkommunikation. Münster: Wilhelms-Universität Münster.

Frank, C. (1994). Strategische Partnerschaften in mittelständischen Unternehmen. Wiesbaden: Gabler Verlag.

Fueglistaller, U. (2004). Charakteristika und Entwicklung von Klein- und Mittelunternehmen. St. Gallen: KMU Verlag.

Fueglistaller, U., Frey, U., & Halter, F. (2003). Strategisches Management für KMU: Eine praxisorientierte Anleitung. St. Gallen: KMU Verlag.

Fueglistaller, U., Müller, C., Müller, S., & Volery, T. (2016). Entrepreneurship (4 Ausg.). Wiesbaden: Gabler Verlag.

Günterberg, B. (2012). Unternehmensgrößenstatistik. Bonn: Institut für Mittelstandsforschung.

Günther, T. (1997). Unternehmenswertorientiertes Controlling. München: Vahlen Verlag.

Günther, T. (1999). State-of-the-Art des Wertsteigerungsmanagement. Zeitschrift für Controlling, S. 361-370.

Günther, T., & Gonschorek, T. (2006). Wert(e)orientierte Unternehmensführung im Mittelstand - Erste Ergebnisse einer empirischen Untersuchung -. Dresden: Technische Universität Dresden.

Gabler Wirtschaftslexikon. (o.J.). Anspruchsgruppen. (V. S. Gabler, Herausgeber) Von Gabler Wirtschaftslexikon: http://wirtschaftslexikon.gabler.de/Archiv/1202/anspruchsgruppen-v7.html abgerufen

Hahn, D. (2006). In D. Hahn, & B. Taylor, Strategische Unternehmungsplanung – Strategische Unternehmungsführung (9 Ausg.). Berlin, Heidelberg und New York: Springer Verlag.

Hamel, W. (2013). Personalwirtschaft. In H.-C. Pfohl, Betriebswirtschaftslehre der Mittel- und Kleinbetriebe (S. 245-274). Berlin: Erich Schmidt Verlag.

Hanslik, A. (2013). Internationaler Markteintritt von kleinen und mittlleren Unternehmen in China. Wiesbaden: Springer Gabler.

Haspeslagh, P., Noda, T., & Boulos, F. (2001). Managing for value. Its not just about the numbers. Havard Business Review, 79(7), S. 64-73.

Hauser, H.-E., & Kay, R. (2010). Unternehmensnachfolgen in Deutschland 2010 bis 2014 - Schätzung mit weiterentwickeltem Verfahren. Bonn: Institut für Mittelstandsforschung.

Hausmann, T., & Zdrowomyslaw, N. (2013). Bedeutung, Vielfalt und Besonderheiten des Mittelstands. In N. Zdrowomyslaw, Grundzüge des Mittelstandsmanagements. Gernsbach: Deutscher Betriebswirte Verlag.

Heesen, B. (2017). Beteiligungsmanagement und Bewertung für Praktiker (2 Ausg.). Wiesbaden: Springer Gabler.

Henschel, T. (2006). Unternehmensplanung im Mittelstand: State of the art. Eine empirische Untersuchung. In K.-H. Horst, & U. Schindler, Recht - Personal - Ökologie - Unternehmung : Festschrift für Prof. Dr. Manfred Kohler zum 65. Geburtstag (S. 257-265). Aachen: Shaker Verlag.

Hilbert, S. (14. Dezember 2017). Wertorientierte Unternehmensführung. DHBW Mannheim. Abgerufen am 14. Dezember 2017 von http://www.fdl.dhbw-mannheim.de/fileadmin/ms/bwl-fdl/Veroeffentlichungen/Wertorientierte_Unternehmensfuehrung.pdf

Hinterhuber, H., & Friedrich, S. (1997). Markt- und ressourcenorientierte Sichtweise zur Steigerung des Unternehmenswertes. In D. Hahn, & B. Taylor, Strategische Unternehmensplanung - Strategische Unternehmensführung (S. 988-1016). Heidelberg: Pysica Verlag.

Horvath, P., Gleich, R., & Seiter, M. (2015). Controlling (13 Ausg.). München: Franz Vahlen Verlag.

IfM Bonn. (2010). Unternehmensnachfolgen in Deutschland 2010 bis 2014. Bonn: Institut für Mittelstandsforschung.

IfM Bonn. (14. Dezember 2017). Institut für Mittelstandsforschung Bonn. Abgerufen am 14. Dezember 2017 von https://www.ifm-bonn.org/definitionen/mittelstandsdefinition-des-ifm-bonn/

Internationaler Controller Verein e.V. (ICV). (2001). Wertorientierte Unternehmensführung.

Jaster, T. (1997). Entscheidungsorientierte Kosten- und Leistungsrechnung. Wiesbaden: Deutscher Universitäts Verlag.

Jensen, M. C. (2010). Value Maximisation, Stakeholder Theory, and the Corporate Objective Function. Journal of Applied Corporate Finance(22), S. 32-42.

Joerg, P., Loderer, C. F., & Roth, L. (2013). SSRN. Abgerufen am 05. 01 2018 von Shareholder Value Maximization: What Managers Say and What They Do: https://papers.ssrn.com/sol3/papers.cfm?abstract_id=337140

Johnson, G., Melin, L., & Whittington, R. (2003). Micro Strategy and Strategizing: Towards an Ac- tivity-based View. Journal of Management Studies, S. 3-22.

Jung, H. (2010). Allgemeine Betriebswirtschaftslehre (12 Ausg.). München: Oldenbourg Verlag.

Jung, H. (2011). Personalwirtschaft (9 Ausg.). München: Oldenbourg Verlag.

Kaub, M., & Schaefer, M. (2002). Wertorientierte Unternehmensführung - Eine Einführung in das Konzept. Berlin: Hans-Böckler-Stiftung.

Kayser, G., & Wallau, F. (2003). Der industrielle Mittelstand - ein Erfolgsmodell. Bonn: Institut für Mittelsatndsforschung.

KfW Bankengruppe. (Mai 2012). KFW Bankengruppe. Abgerufen am 03. Januar 2017 von https://www.kfw.de/Download-Center/Konzernthemen/Research/PDF-Dokumente-Unternehmensbefragung/Unternehmensbefragung-2012-LF.pdf

Khadjavi, K. (2005). Wertmanagement im Mittelstand. Eschen.

Klotz, M., & Zdrowomyslaw, N. (2013). Zukunftsmanagement - Informations- und Berichtswesen ergänzen Erfahrung und Intuition. In N. Zdrowomyslaw, Grundzüge des Mittelstandsmanagements (S. 82-92). Gernsbach: Deutscher Betriebswirte Verlag.

Knorren, N. (1998). Wertorientierte Gestaltung der Unternehmensführung. Wiesbaden: Deutscher Universitätsverlag.

Krämer, W. (2009). Personalführung und Organisation im Wandel. In M. Schauf, Unternehmensführung im Mittelstand (S. 195-238). München: Rainer Hampp Verlag.

Kratscher, R., & Rockholtz, C. (2002). Wertorientiertes Management im Mittelstand - Wie mittelständische, nicht börsennotierte Unternehmen vom Shareholder-Value-Konzept profitieren können. Betrieb + Personal, S. 157-177.

Krol, F. (2007). Value based management in small and medium enterprises: Analysis of internal and external impulses and possibilities of implementation. Arbeitspapier, Lehrstuhl für Betriebswirtschaftslehre, insb. Controlling, Westfälische Wilhelms- Universität Münster.

Krol, F. (2009). Wertorientierte Unternehmensführung im Mittelstand. Hamburg: Dr. Kovac Verlag.

Krol, F. (2009). Wertorientierte Unternehmensführung im Mittelstand – Erste Ergebnisse einer empirischen Studie. Westfälische Wilhelms-Universität, Münster.

Literaturverzeichnis

Kruschwitz, L. (2014). Investitionsrechnung (14 Ausg.). München: Oldenburg Wissenschaftsverlag.

Kummert, B. (2005). Controlling in kleinen und mittleren Unternehmen - vom Geschäftsprozessmodell zum Controller-Profil. Wiesbaden: Deutscher Universitätsverlag.

Lehmann, G. (2012). Wertorientiertes Management mittelständischer Unternehmungen. Potenziale der Ermittlung von Eigenkapitalkosten sowie herleitung von Konzeptanforderungen im Rahmen eines Delphi-Verfahrens. In C. Steinle, Schriften zum Management. München: Rainer Hampp Verlag.

Müller, A., Scheidegger, N., Simon, S., & Wyssen, T. (2011). Praxisleitfaden Arbeitgeberattraktivität - Instrumente zur Optimierung der Arbeitgeberattraktivität in kleinen und mittleren Unternehmen. Chur: HTW Chur Verlag.

Macharzina, K., & Wolf, J. (2018). Unternehmensführung (10 Ausg.). Wiesbaden: Springer Gabler.

Martens, B., & Bluhm, K. (2007). Shareholder Value ohne Aktionäre - Diffusion und mögliche Folgenwertorientierter Unternehmenssteuerung im industriellen Mittelstand. Jena: Working Paper 5 Economic Sociology.

Mathews, J. A. (2002). A resource-based view of Schumpeterian economic dynamics. Journal of Evolutionary Economics, S. 29-54.

May-Strobl, E., & Welter, F. (2016). KMU, Mittelstand, Familienunternehmen: Eine Klarstellung. In H. H. Hinterhuber, & H. K. Stahl, Erfolgreich im Schatten der Großen (S. 1-12). Berlin: Erich Schmidt Verlag.

Morin, R. A., & Jarrell, S. L. (2001). Driving Shareholder Value: Value-Building Techniques for Creating Shareholder Wealth. New York: McGraw-Hill.

Ossadnik, W., van Lengerich, E., & Barklage, D. (2010). Controlling mittelständischer Unternehmen. Berlin/Heidelberg: Springer Verlag.

Pape, U. (1997). Wertorientierte Unternehmensführung. Berlin: Wissenschaft & Praxis Verlag.

Pellens, B., Tomaszewski, C., & Weber, N. (2000). Wertorientierte Unternehmensführung in Deutschland: Eine empirische Untersuchung der DAX 100-Unternehmen. Der Betrieb(37), S. 1825-1833.

Perlitz, M., Bufka, J., & Specht, A. (1997). Wertorientierte Unternehmensführung - Einsatzbedingungen und Erfolgsfaktoren. Universität Mannheim, Arbeitspapier Nr.3, Lehrstuhl für Allgemeine Betriebswirtschaftslehre und Internationales Management, Mannheim.

Pfohl, H.-C. (2013). Abgrenzung der Klein-und Mittelbetriebe von Großunternehmen. In H.-C. Pfohl, Betriebswirtschaft der Mittel- und Kleinbetriebe (S. 1-26). Berlin: Erich Schmidt Verlag.

Pfohl, H.-C. (2013). Logistik. In H.-C. Pfohl, Betriebswirtschaftslehre der Mittel- und Kleinbetriebe (S. 275-310). Berlin: Erich Schmidt Verlag.

Plaschke, F. J. (2003). Wertorientierte Management - Incentivesysteme auf Basis interner Wertkennzahlen. In R. Hünerberg, & A. Töpfer, Forum Marketing. Wiesbaden: Deutscher Universitäts-Verlag.

Poeschl, H. (2013). Strategische Unternehmensführung zwischen Shareholder-Value und Stakeholder-Value. Wiesbaden: Springer Gabler.

Rappaport, A. (1999). Shareholder Value (2 Ausg.). Stuttgart: Schäffer-Poeschel.

Reinemann, H. (2011). Mittelstandsmanagement: Einführung in Theorie und Praxis. Stuttgart: Schäffler Pöschel Verlag.

Riedl, J. B. (2000). Unternehmenswertorientiertes Performance Measurement. Wiesbaden: Deutscher Universitäts Verlag.

Süss, C. (2001). Führung in mittelständischen Konzernen - Eine kontingenztheoretische Analyse der Führungsstrukturen großer und mittelständischer Industriekonzerne. Lohmar und Köln: Josef Eul Verlag.

Schauf, M. (2009). Grundlagen der Unternehmensführung im Mittelstand. In M. Schauf, Unternehmensführung im Mittelstand (S. 1-30). München und Mering: Rainer Hampp Verlag.

Schauf, M. (2009). Strategisches Management im Mittelstand. In M. Schauf, Unternehmensführung im Mittelstand (S. 61-118). München und Mering: Rainer Hampp Verlag.

Scherm, E., & Süß, S. (2010). Personalmanagement (2 Ausg.). München: Franz Vahlen Verlag.

Schleussner, G., & Hirsch, M. (2017). Praxis-Statement: Lufthansa vereinfacht ihr wertorientiertes Steuerungssystem. In J. Weber, U. Bramsemann, C. Heineke, & B. Hirsch, Wertorientierte Unternehmenssteuerung (S. 255-230). Wiesbaden: Springer Gabler.

Stührenberg, L., Streich, D., & Henke, J. (2003). Wertorientierte Unternehmensführung. Wiesbaden: Deutscher Universitäts Verlag.

Steinle, C., Thiem, H., & Krüger, S. (2001). Informations- und Berichtssysteme im Rahmen wertorientierter Beteiligungscontrollingkonzeptionen – Realtypen und Gestaltungshinweise . Betriebswirtschaftliche Forschung und Praxis(52), S. 489-501.

Literaturverzeichnis

Stiefl, J., & von Westerholt, K. (2008). Wertorientiertes Management - Wie der Unternehmenswert gesteigert werden kann. München: Oldenburg Verlag.

Stiewing, C. (2016). Wesentliche Elemente des Konzernreporting bei Continental. In J. Weber, & U. Schäffer, Einführung in das Controlling (S. 249-252). Stuttgart: Schäffer-Poeschel.

Tappe, R. (2009). Wertorientierte Unternehmensführung im Mittelstand. In T. Reichmann, & M. K. Welge, Controlling und Management. Frankfurt am Main: Internationaler Verlag der Wissenschaft.

Völker, R. (2013). Berwerten und Entscheiden - Grundlagen des wertorientierten und nachhaltigen Mangements. Stuttgart: W. Kohlhammer Verlag.

Weber, J., Bramsemann, U., Heineke, C., & Hirsch, B. (2017). Wertorientierte Unternehmenssteuerung. Wiesbaden: Springer Gabler.

Wegner, U. (2003). IT-Management und Investments in mittelständischen Unternehmen. In R. B. Bouncken, Management von KMU und Gründungsunternehmen (S. 157-169). Wiesbaden: Deutscher Universitätsverlag.

Weißenberger, B. E. (2009). Shareholder Value und finanzielle Zielvorgaben im Unternehmen. In F. Wall, & R. W. Schröder, Controlling zwischen Shareholder Value und Stakeholder Value (S. 39-60). München: Oldenbourg Wissenschaftsverlag.

Welge, M., Al-Laham, A., & Eulerich, M. (2017). Strategisches Management : Grundlagen - Prozess - Implementierung. Wiesbaden: Springer Gabler.

Welsh, J., & White, J. (1981). A Small Business Is Not a Little Big Business. Harvard Business Review.

Welter, F. (2003). Strategien, KMU und Umfeld: Handlungsmuster und Strategiegenese in kleinen und mittleren Unternehmen. Berlin: Duncker & Humblot.

Welter, F., Levering, B., & May-Strobl, E. (2016). Mittelstandspolitik im Wandel. Bonn: Institut für Mittelstandsforschung.

Welter, F., May-Strobl, E., Holz, M., Pahnke, A., Schlepphorst, S., & Wolter, H.-J. (2015). Mittelstand zwischen Fakten und Gefühl. Bonn: Institut für Mittelstandsforschung.

Willburger, J. (2014). Shareholder Value und wertorientierte Unternehmensführung in Deutschland: Wie verhalten sich Daimler, Siemens, ThyssenKrupp und Volkswagen? Hamburg: Diplomica Verlag.

Winter, M., & Kersten, W. (2008). Situationsadäquate Gestaltung des Projektmanagements in mittelständischen Unternehmen. In P. Letmathe, J. Eigler, F. Welter, D. Kathan, & T. Heupel, Management kleiner und mittlerer Unternehmen - Stand und Perspektiven der KMU-Forschung (S. 225-240). Wiesbaden: Deutscher Universitätsverlag.

Wortmann, A. (2001). Shareholder Value in mittelständischen Wachstumsunternehmen. Wiesbaden: Springer Fachmedien.

Zellweger, T., Sieger, P., & Englisch, P. (2012). Zurück nach Hause oder hinaus in die Welt? Karriereabsichten der nächsten Generation in Familienunternehmen. Abgerufen am 04. Januar 2017 von http://www.ey.com/Publication/vwLUAssets/ey-coming-home-or-breaking/$FILE/ey-coming-home-or-breaking.pdf

6 Endnoten

1. Vgl. Tappe 2009, S.1; Stiefl & von Westerholt 2008, S.16; Britzelmaier 2013 S.8f; Welge et al. 2017, S.230f
2. Vgl. Tappe 2009, S.2f; Lehmann 2012, S.1, Plaschke 2003, S.3f
3. Vgl. Tappe 2009, S.7
4. Vgl. IfM Bonn 2017
5. Vgl. Tappe 2009, S.2f und 45ff
6. Vgl. Hausmann & Zdrowomyslaw 2013, S.29; Tappe 2009, S.3f und S.45; Schauf 2009, S.27
7. Vgl. Tappe 2009, S.4ff; Khadjavi 2005, S.94
8. Vgl. Weber et al. 2017, S.V; ünther & onschorek 2006, S.12f; Krol 2009, S.16
9. Eigene Darstellung
10. Vgl. Stiefl & von Westerholt 2008, S.4
11. Vgl. Britzelmaier 2013, S.17
12. Vgl. Tappe 2009, S.63; Stiefl & von Westerholt 2008, S.4
13. Vgl. Copeland et al. 1996, S96ff; Pape 1997, S.137
14. Vgl. Ebeling 2007, S.4; Riedl 2000, S.99ff; Plaschke 2003, S.6
15. Vgl. Plaschke 2003, S.18f
16. Vgl. Britzelmaier 2013, S.20ff
17. Vgl. Buchholz 2013, S.237
18. Vgl. Mathews 2002, S.31; Johnson et al. 2003, S.7
19. Vgl. Buchholz 2013, S.237
20. Vgl. Khadjavi 2005, S.17; Hinterhuber & Friedrich 1997, S.999
21. Darstellung unter Integration mehrere Abb. von Buchholz 2013, S.57 und S.240
22. Vgl. abler Wirtschaftslexikon o.J.
23. Vgl. Bleicher 2017, S.165ff
24. Vgl. Tappe 2009, S.66
25. Darstellung vom Internationaler Controller Verein e.V. (ICV) 2001
26. Vgl. Jensen 2010, S.32ff
27. Vgl. Joerg et al. 2013, S.2ff; Cools & van Praag 2003
28. Vgl. Poeschl 2013, S.79
29. Darstellung in Anlehnung an Weber et al. 2017, S.15
30. Vgl. Stührenberg et al. 2003, S.7
31. Vgl. Plaschke 2003, S.19; Tappe 2009, S.64

32	Eigene Darstellung in Anlehnung an Horvath et al. 2015, S.211
33	Vgl. Stiefl & von Westerholt 2008, S.24
34	Vgl. Faupel et al. 2010, S.61; Ausführlich zur Wahl der Beweruntsmethode bei KMU in Khadjavi 2005
35	Vgl. Heesen 2017, S.61
36	Vgl. Kaub & Schaefer 2002, S.18f
37	Vgl. Khadjavi 2005, S.32
38	Vgl. Horvath et al. 2015, S.213f
39	Vgl. Weißenberger 2009, S.40
40	Vgl. Ahlemeyer & Burger 2016, S.40; Weißenberger 2009, S.42
41	Darstellung von Rappaport 1999, S.38
42	Vgl. Khadjavi 2005, S.32
43	Vgl. Kaub & Schaefer 2002, S.18f
44	Vgl. Horvath et al. 2015, S.35ff und S.210ff
45	Vgl. Plaschke 2003, S.18f
46	Vgl. ünther 1997, S.70ff und 1999, S.363f
47	Darstellung von ünther 1997, S.205
48	Vgl. ünther 1997, S.205
49	Stiewing 2016, S.250
50	Vgl. Weber 2017, S.199
51	Vgl. Klotz & Zdrowomyslaw 2013, S.88f
52	Vgl. Steinle et al. 2001, S.489
53	Vgl. Riedl 2000, S.263
54	Vgl. Riedl 2000, S.264ff
55	Vgl. Fischer & Klöpfer 2006, S.4; Fischer et al. 2001, S.1209
56	Vgl. Macharzina & Wolf 2018, S.227
57	Vgl. Fischer & Klöpfer 2006, S.4
58	Eigene Darstellung in Anlehnung an Fischer & Wenzel 2003, S.9
59	Vgl. ünther 1999, S.364
60	Vgl. Fischer & Klöpfer 2006, S.4
61	Zur Prinzipal-Agenten-Problematik ausführlich in Plaschke 2003, S.39f oder auch Hahn 2006, S.355ff
62	Vgl. Coenenberg et al. 2015, S.258f; Plaschke 2003, S.98
63	Vgl. Plaschke 2003, S.99ff
64	Vgl. Plaschke 2003, S.133ff; Coenenberg et al. 2015, S.259ff

Endnoten

65	Vgl. Tappe 2009, S.160
66	Vgl. Plaschke 2003, S.91ff
67	Vgl. Plaschke 2003, S.102ff, ausführlich zur Implementierung auf S.325ff
68	Vgl. Weber et al. 2017, S.12ff
69	Darstellung von Weber et al. 2017, S.14
70	Welsh & White 1981, S.1
71	Vgl. Hausmann & Zdrowomyslaw 2013, S.23
72	Vgl. Pfohl 2013, S.3
73	Vgl. Welter et al. 2015, S.5; Hausmann & Zdrowomyslaw 2013, S.32; May-Strobl & Welter 2016, 2ff
74	Vgl. Hanslik 2013, S.47; Frank 1994, S.18
75	Vgl. Hausmann & Zdrowomyslaw 2013, S.24f
76	Vgl. Cernavin et al. 2012, S.XI; Hanslik 2013, S.48f
77	Vgl. IfM Bonn 2017; Khadjavi 2005, S.54
78	Vgl. Khadjavi 2005, S.54
79	Vgl. Kummert 2005, S.12
80	Vgl. ünterberg 2012, S.174f
81	Vgl. Pfohl 2013, S.16f; Krol 2009, S.15
82	Vgl. Flacke 2006, S.11
83	Vgl. Pfohl 2013, S.17ff; Tappe 2009, S.11ff
84	Vgl. Hausmann & Zdrowomyslaw 2013, S.29ff; May-Strobl & Welter 2016, S.2ff; Reinemann 2011, S.2
85	Vgl. Tappe 2009, S.29f; Khadjavi 2005, S.9
86	Vgl. Krol 2009, S.8
87	Vgl. Pfohl 2013, S.43ff; Fueglistaller et al. 2003, S.15; Welter 2003, S.29
88	Vgl. Krol 2009, S.9
89	Vgl. Krämer 2009, S.214ff
90	Vgl. Deloitte 2008, S.18ff; Ossadnik et al. 2010, S.107
91	Vgl. Deloitte 2008, S.18
92	Vgl. Jung 2010, S.19
93	Vgl. Tappe 2009, S.174
94	Vgl. Winter & Kersten 2008, S.226
95	Vgl. Hamel 2013, S.248ff und 270; Jung 2011, S.26; Scherm & Süß 2010, S.9; Fueglistaller 2004, S.30f; Bergmann & Crespo 2009, S.53
96	Vgl. Hanslik 2013, S.50; Hausmann & Zdrowomyslaw 2013, S.26

Endnoten

97	Vgl. Pfohl 2013, S.19ff; Tappe 2009, S.15ff; Hanslik 2013, S.50
98	Darstellung mit marginalen Änderungen aus Tappe 2009, S.35,38,40
99	Eigene Darstellung in Anlehnung an Hausmann & Zdrowomyslaw 2013, S.30ff; Hanslik 2013, S.50; Jung 2010, S.19
100	Vgl. Schauf 2009, S.27; Tappe 2009, S.45
101	Vgl. Welter et al. 2016, S.5
102	Vgl. Schauf 2009, S.27
103	Vgl. Tappe 2009, S.45f; Arnold 2013, S.148ff; Pfohl 2013, S.292ff
104	Vgl. Britzelmaier 2013, S.24; Fueglistaller et al. 2016, S.342ff
105	Vgl. Börner 2013, S.312f
106	Vgl. KfW Bankengruppe 2012, S.17f und S.87; Tappe 2009, S.48f; Krol 2009, S.13
107	Vgl. Britzelmaier 2013, S.24; Tappe 2009, S.48; Börner 2013, S.312
108	Vgl. Hauser & Kay 2010, S.20
109	Vgl. Zellweger et al. 2012, S.6ff
110	Vgl. Fueglistaller et al. 2016, S.342ff
111	Vgl. Tappe 2009, S.45f; Arnold 2013, S.148ff; Pfohl 2013, S.292ff
112	Eigene Darstellung in Anlehnung an Tappe 2009, S.45ff
113	Vgl. Bergmann & Crespo 2009, S. 6
114	Vgl. Tappe 2009, S.49f
115	Vgl. Schauf 2009, S.27
116	Vgl. Wortmann 2001, S.278ff
117	Vgl. Khadjavi 2005, S.63
118	Vgl. Khadjavi 2005, S.137; Haspeslagh et al. 2001, S.67; Morin & Jarrell 2001, S.375f
119	Vgl. Ebeling 2007, S.56
120	Vgl. Tappe 2009, S.181
121	Vgl. Khadjavi 2005, S.136; ünther & onschorek 2006, S.12f
122	Vgl. Tappe 2009, S.139; Khadjavi 2005, S.15
123	Vgl. Perlitzet et al. 1997, S.28; Tappe 2009, S.140
124	Darstellung in Anlehnung an Khadjavi 2005, S.178
125	Vgl. Tappe 2009, S.142; Pfohl 2013, S.43ff; Fueglistaller et al. 2003, S.15; Welter 2003, S.29
126	Vgl. Tappe 2009, S.142
127	Vgl. Haspeslagh et al. 2001, S.70; Pellens et al. 2000, S.1831
128	Vgl. Tappe 2009, S.141

129	Vgl. Welge et al. 2017, S.213f hier auch ausführlich zum Zielinhalt,-ausmaß und Zeitbezug
130	Vgl. Tappe 2009, S.146
131	Vgl. Deloitte 2008, S.18ff; Ossadnik et al. 2010, S. 107; Krol 2009, S.16
132	Vgl. Henschel 2006, S.260f
133	Vgl. Tappe 2009, S.169
134	Vgl. Ebeling 2007, S.119; Horvath et al. 2015, S.107ff
135	Vgl. Berens et al. 2005, S.189
136	Vgl. Wegner 2003, S.160
137	Vgl. FAS A 2005, S.38
138	Vgl. Jung 2010, S.19
139	Vgl. Tappe 2009, S.48f und S.176ff; KfW Bankengruppe 2012, S.17f und S.87; Krol, 2009, S.13
140	Vgl. Hamel 2013, S.248ff und 270; Jung 2011, S.26; Scherm & Süß 2010, S.9; Eurofound 2017, S.99
141	Vgl. Tappe 2009, S.162
142	Vgl. Hamel 2013, S.270
143	Vgl. Bundesministerium für Wirtschaft und Energie 2018
144	Vgl. Tappe 2009, S.163ff; FAS A 2005, S.41
145	Vgl. Plaschke 2003, S.9; Krol 2009, S.131
146	Vgl. Krol 2009, S.131
147	Eigene Darstellung
148	Vgl. Krol 2009, S.129
149	Vgl. Bergmann & Crespo 2009, S.9; Krol 2007, S.13; Martens & Bluhm 2007, S.22
150	Vgl. Khadjavi 2005, S.170f; Achleitner & Bassen 2002, S.633f
151	Vgl. Hamel 2013, S.248ff und 270; Jung 2011, S.26; Scherm & Süß 2010, S.9; Eurofound 2017, S.99
152	Vgl. Süss 2001, S.51 und S.71-72
153	Vgl. Becker et al. 2008, S.220; Tappe 2009, S.7
154	Vgl. Tappe 2009, S.50ff; siehe auch Abschnitt 3.2.2
155	Vgl. Kayser & Wallau 2003, S.166ff
156	Vgl. Tappe 2009, S.53
157	Vgl. Tappe 2009, S.53
158	Vgl. Krol 2009, S.129
159	Vgl. Völker 2013, S.157ff
160	Vgl. Völker 2013, S.155

[161] Vgl. Völker 2013, S.156
[162] Vgl. Khadjavi 2005, S.137f
[163] Vgl. Kruschwitz 2014, S.31ff
[164] Vgl. Khadjavi 2005, S.138; Jaster 1997, S.33
[165] Vgl. Khadjavi 2005, S.138
[166] Vgl. Tappe 2009, S.54
[167] Vgl. Pfohl 2013, S.43ff; Fueglistaller et al. 2003, S.15; Welter 2003, S.29
[168] Vgl. Winter & Kersten 2008, S.226
[169] Vgl. Müller et al. 2011, S.8
[170] Vgl. Bergmann & Crespo 2009, S.11
[171] Vgl. Tappe 2009, S.54; Kratscher & Rockholtz 2002, S.176
[172] Vgl. Tappe 2009, S.162 und S.181
[173] Vgl. Krol 2009, S.131
[174] Vgl. Tappe 2009, S.53
[175] Vgl. Schleussner & Hirsch 2017, S.225f
[176] Vgl. Krol 2009, S.128f
[177] Vgl. Krol 2009, S.380f
[178] Vgl. Wortmann 2001, S.276f
[179] Darstellung von Tappe 2009, S.52
[180] Vgl. Khadjavi 2005, S.137
[181] Vgl. ünther & onschorek 2006, S.1
[182] Vgl. Khadjavi 2005, S.94; Krol 2009, S. 4
[183] Vgl. ünther & onschorek 2006, S.22
[184] Vgl. ünther & onschorek 2006, S.2
[185] Vgl. Krol 2009, S.393
[186] Vgl. ünther & onschorek 2006, S.12f; Krol 2009, S.16
[187] Vgl. Khadjavi 2005, S.17
[188] Vgl. KfW Bankengruppe 2012, S.17f und S.87; Tappe 2009, S.48f; Krol 2009, S.13
[189] Vgl. Hamel 2013, S.248ff und S.270
[190] Darstellung in Anlehnung an Krol 2009, S.19
[191] Vgl. Wegner 2003, S.160
[192] Vgl. Tappe 2009, S.38
[193] Vgl. Krol 2009, S.129
[194] Darstellung in Anlehnung an Krol, 2009, S.18